Der Tod, der Übergang und die Astralebene

Johannes H. von Hohenstätten

Mein Dank geht an Peter Windsheimer
für das Design sämtlicher Bilder.

Für Schäden, die durch falsches Herangehen an die Übungen an Körper,
Seele und Geist entstehen könnten, übernehmen Verlag und Autor keine
Haftung.

Copyright © 2019 by Christof Uiberreiter Verlag
Waltrop, Germany

Herstellung und Verlag:
BoD – Books on Demand, Norderstedt.
ISBN: 9783732262380

Alle Rechte, auch die fotomechanische Wiedergabe (einschließlich
Fotokopie) oder der Speicherung auf elektronischen Systemen, vorbehalten
All rights reserved

Inhaltsangabe:

Vorwort 4
Einleitung 5
  1. Der Tod 7
  2. Der Übergang ins Astralreich 17
  3. Die Astralebene 23
     – Die Geburt 28
     – Das Astralreisen 30
  4. Die Astralebene der Hermetiker 47

Vorwort:

Diese Schrift ist begründet auf ein handschriftliches Schreiben von meinem Freund Anion, welcher mir diese Zeilen zum Geburtstag schenkte. Der Titel dieser Schrift lautet: „Die Astralebene", dessen Inhalt in der esoterischen Literatur bis jetzt nicht auffindbar ist. Da ich nun der Meinung bin, dass dieses Geschenk nicht nur für meine private Sammlung bestimmt ist und ebenfalls anderen Strebenden Wissen vermitteln könnte, habe ich mich entschlossen, dieses Buch zu schreiben.

Viel Interessantes über die Astralebene steht in sämtlichen Werken von Franz Bardon. Es wird hier nicht erwähnt.

Wie immer schreibe ich nur Perlen auf und fasse sie zu einer schönen Kette zusammen, welche dieses Werk umrahmt.

Einleitung:

Meine erste Behauptung lautet, dass der Tod der Höhepunkt des Lebens ist. Franz Bardon schreibt ja in der *Quabbalah*, dass das Leben kein Rummelplatz ist, sondern eine Schule. Eine Schule, die uns in die höheren Klassen der Astralwelt einführen soll. Dazu dient uns der *Adept* des Meisters. Das Wieso will ich in dieser Schrift erläutern. Bardon schreibt, dass die wahre Heimat des Menschen die Astralebene ist. Das bestätigen viele Religionen, esoterische Systeme und Philosophien, welche auf einen Jenseitskult aufgebaut sind. Besonders die christliche Religion sagt nach den Worten seines Gründers, dass für einen *Gerechten* die Schrecken des Todes nicht bestehen. Alle Religionen zielen im Endeffekt auf die Astralebene und versuchen, durch ethisch-moralische Grundsätze den Menschen dort den Aufenthalt für immer zu ermöglichen. D. h., wer den magischen Ausgleich genau nach Bardons *Adepten* im Seelenspiegel zustande bringt, hat die Möglichkeit, besser gesagt die freie Entscheidung, für immer in der Astralwelt zu verbleiben. Er braucht sich nicht mehr zu inkarnieren und kann im Jenseits weiterlernen. Drüben hat man dann keine negativen Hindernisse mehr. Auch soll der erste Brahmatag alle Menschen zum Ausgleich bringen. In den weiteren Äonen ist eine ganz andere Entwicklung vorgesehen.

Zu den Jenseitskulten zählt ebenso der Islam, der vom geistigen Reich, in dem Milch und Honig fließt, berichtet. Auch die altägyptische Religion, woher die hermetischen Ideen zum *Adepten* stammen, war mit ihrer Totenverehrung ein reiner Jenseitskult. Auch Swedenborg, der bekannte Hellseher und Magier, der selbst mit einigen Vorstehern der geistigen Welt in Kontakt war, sagt, dass sich manche geistige Wesen wundern, warum es nicht mehr Informationen über das Astralreich gibt, bzw. nicht vermehrt darüber gesprochen wird. Der menschliche Geist steht nämlich in Verbindung mit der Mentalebene. Das Leben ist verbunden mit dem Jenseits. Beides lässt sich nur in seiner kosmischen Ganzheit erfahren. Deshalb ist das Ziel einer jeden Religion der ewige Aufenthalt in der himmlischen Astralebene.

Der Trieb treibt zu Neuem an. Ohne ihn hätte man keine Kraft. Aber positiv gesehen äußert er sich im
- Essen

- Trinken
- Schlafen
- Laufen
- Fühlen

Ist man vollkommen, gebraucht man die Triebe in dieser Weise. Diese hängen wiederum mit dem Seelenspiegel zusammen, da sie den fünf Elementen unterstehen, denn alles geht vom Kopf aus. Negativ, wie sie von jedem Menschen ausgeübt werden, äußeren sie sich so:
- Fleischeslust
- Rauchen
- Sex
- Gewalt
- Alkohol

Hat man diese nicht unter Kontrolle, schafft man den Ausgleich nicht, den man durch verschiedene Wege beschreiten kann. Man wird dann so lange wiedergeboren, bis man die endgültige Beherrschung vorweisen kann. Hans A. Müller drückt dies so aus:

1. Geburt	2. Dasein	3. Tod
Form	Leben	Schicksal
Dunkel	Helle	Licht
Das Schöpferische	Das Zerstörerische	Das Ordnende
Körper	Seele	Geist
Trieb	Liebe	Erkenntnis
Werden	Sein	Bewusstsein
Ufer	Fluss	Ufer
Kreisumfang	Kreisinhalt	Kreismittelpunkt
Gott-Vater	Gott-Sohn	Gott-Geist
Brahma	Shiva	Vischnu
Ich	Ich bin	Ich bin Du

In diesen Reihen erkennen wir, dass der Tod, den so viele fürchten, das eigentliche Geistige, die Heimat, und das Erhabenste in der Welt ist. Er ist das größte Rätsel, das göttliche Geheimnis, der Schlüssel unserer wahren Zukunft. Mit unserer Geburt treten wir ein in die Sphäre der Form, mit unserer Form beginnt das Leben. Leben aber ist immer Zerstörung. Dieses

Prinzip steigt immer höher und höher, bis in die Unendlichkeit.

1. Der Tod:

Der Tod macht keinen Heiligen aus einem Sünder und keinen Weisen aus einem Narren, wie viele Esoteriker annehmen. Die Gesinnung bleibt nach wie vor dieselbe, und jeder Mensch nimmt seine alten Leidenschaften, Gewohnheiten, Meinungen, Lehrirrtümer und seine Gleichgültigkeit oder Zweifel mit ins jenseitige Leben hinüber.

Die Trauer der Hinterbliebenen ist immer fehl am Platze, da sie den Toten durch den magnetischen Wunsch auf die Erde zurückholt, und er keinen freien Übergang in die feineren Ebenen findet. Die Niedergeschlagenheit und die Depressionen der Trauernden lässt den Toten mitleiden und seelische Schmerzen empfinden. Er wird dadurch an die Materie gebunden. Aus diesem Grund sind nicht nur die kirchlichen Bräuche berechtigt wie z. B. Seelenmessen, Totensonntag, rituelle Gebete, Sterbesakramente, letzte Ölung, Beichte vor dem Tod, Kerzen anzünden usw., sondern auch die Wachsamkeit und die Gedankenkontrolle, welche dem Toten den Übergang und das Leben im Jenseits im Zurechtfinden helfen.

Die Seele geht dort hin, wo sie sich wohlfühlt, wo die Sympathien sind, d. h., der Durchschnittsmensch geht seinen alltäglichen Pflichten nach, denn nicht der Mensch ändert sich, sondern nur sein Zustand. Bloß sein Körper wird feiner. Der Reiche geht zu seinen Schätzen, der Genießer zu seinem Essen und der Frauenheld zu den Weibern, die Männergeile zu den Kerlen. Die gesamte Gedanken- und Gefühlswelt, die einer hatte, nimmt er mit rüber und lebt in ihr, egal ob das Sein oder Schein ist. Mein verstorbener Freund und Hermetiker Michael sieht und lebt im Jenseits in einer für ihn wunderschön erbauten Burg. Aber in Wahrheit ist sie nur eine verfallene Ruine! Gelegentlich bleibt der Tote an dem Ort des Todes gebunden, namentlich, wenn es ein gewaltsamer Tod war. Auch der *Nachspuk* findet darin seine Bestätigung.

Viele Unwissende meinen, der Tod ist die Befreiung der materiellen Fesseln. Das ist ein großer Irrtum, denn

    1. fühlt man sich mit dem Astralkörper gleich wie mit dem grobstofflichen Körper, und ist sich nicht bewusst, dass man

gestorben ist;
2. fühlt man sich bloß in seinem Mentalköper frei, weil der Geist an keinen Körper oder keine Hülle gebunden ist;
3. kommt der Tote augenblicklich mit seiner irdischen Gedanken- und Gefühlswelt in Kontakt, an die er durch seine Gewohnheit gebunden ist.

Allein der geschulte Magier, dessen Sinne „hell" sind und der sein Interesse rein an die geistigen Sphären und Gesetze gebunden hat, ist nach seinem Tod richtig *frei* und er kann nach Belieben die Sphären ohne Bindung durchwandern und unendlich viel Erfahrung und Weisheit sammeln. Der Ungeschulte muss auf Erden umherirren, da er nicht hellsichtig ist, bzw. seine geistigen Sinne sind durch die 5-Sinnesübungen aus dem *Adepten* nicht erweckt. Er kann deshalb nur mit dem alltäglichen Blick seiner materiellen Augen sehen, an die er gewöhnt war.

Die Leichenverbrennung, welche in Indien so oft ausgeübt wird, hat den großen Vorteil, dass sie alle irdischen Bestandteile auf saubere Art und Weise vernichtet. Ebenso wird die mit dem materiellen Körper noch in Verbindung stehende grobstoffliche Matrize, die sympathischen Beziehungsteile, verbrannt und der Tote kann leichter von seinem Leichnam loslassen. Es kommt dann nicht so leicht zu den Totenerscheinungen an den Gräbern und Friedhöfen, denn der Übertritt ins Astrale wurde ihm erleichtert.

Es existieren viele Berichte über sogenannte Spukerscheinungen auf Friedhöfen. Man sah verschiedene schwebende Gestalten über den Gräbern. Dabei handelt es sich um die grobstoffliche Matrize, die von den Theosophen Ätherkörper oder ätherisches Doppel genannt wird. Diese verbleibt nach dem Tode in der Nähe des materiellen Körpers und hat auch die Form und Gestalt des Toten. Um diese Spukerscheinungen zu verhindern, brennen 40 Tage lang Lämpchen über manchen Gräbern, was zu Folge hat, dass sich die grobstoffliche Matrize schneller auflöst. Die Ägypter nannten sie Khu. Es gibt nämlich Zauberer, die sich solche Matrizen gefügig machen und damit auf Friedhöfen ihre Dämonenbeschwörungen vollbringen, damit sie die Wesen leichter verdichten können.

Weil wir gerade beim Thema der Körper sind, will ich nur kurz bekannt geben, dass die 7 Körper der Theosophen identisch sind mit den 3 Körpern und ihrer Verbindungen (Bändern oder Matrizen) aus den Büchern von

Franz Bardon.

Im Film *Ghost* mit Patrick Swayze wird wunderbar gezeigt, wie es gehen kann, wenn ein nichtwissender Durchschnittsmensch plötzlich und ohne Vorwarnung stirbt. Der Hauptdarsteller im Film wird überfallen, will sich wehren, ein Schuss fällt, der Angreifer läuft davon, verfolgt von Swayze. Dann hört er plötzlich ein Geschrei, dreht sich um und geht zurück zu der am Boden weinenden Freundin. Er blickt auf den Boden und erstarrt, denn er sieht sich selber dort unten tot liegen. Seine Gesichtsfarbe verlässt ihn und er ist der Ohnmacht nahe. Sein für ihn zurechtgezimmertes Weltbild ist zerstört.

Manche Sterbende, dessen Astralschnur sich ein leicht gelockert hat, sehen schon ein wenig hell, sehen zum Teil in die Astralwelten oder sehen auch den Todesengel, Osrail, der übrigens wunderschön ist. Er ist ein blonder Jüngling, mit blauen Augen und man braucht vor ihm keine Angst zu haben, schrieb mein Freund und Magier Anion in seinem Abschiedsbrief. Im Koran wird er *Asrail* genannt. Manch ein Sterbender sah ihn als einen schwarzen Mann in seiner Nähe und verstarb kurz darauf. Selbst meine Frau hatte ein beeindruckendes Erlebnis, das ich am Anfang gar nicht glauben konnte. Aber Anion, ihr Bruder, bestätigte es. Es war eine warme Sommernacht. Das Fenster stand offen, und plötzlich kam ein schöner schwarzer Rabe angeflogen und setzte sich auf die Fensterbank. Das war nicht das Ungewöhnliche, bis er anfing, mit der Stimme ihres Vaters zu sprechen: „Ich werde in Kürze sterben", und meine Frau bekam es mit der Angst zu tun. Sie rannte sofort zu ihrem Bruder, um ihn um Hilfe zu bitten. Und tatsächlich, ihr Vater starb kurz darauf.

Man darf jedoch nie vergessen, dass es unendlich viele Varianten des Sterbens gibt. Je nach Entwicklungsstufe erlebt man seinen Tod. Ein durch einen Autounfall Gestorbener oder ein Ermordeter erlebt seinen Tod immer wieder und wieder. Selbst der dadurch hervorgerufene Schock bleibt an ihm haften wie eine Klette. Diese armen Menschen werden im Astralreich in einem Krankenhaus – wie unten so oben und umgekehrt – behandelt. Deren astrale Aufenthaltszeit ist natürlich länger als bei einem durch Altersschwäche Gestorbenen, denn dieser muss nicht erst wieder geheilt werden. Er durchlebte kein Trauma,

Bei einem schlimmen Tod beträgt die Zeit im Durchschnitt ungefähr 80-100 Jahre. Sonst ist die Aufenthaltszeit ungefähr so wie die auf Erden, bestätigt der Runenmagier F. B. Marby in seiner Zeitschrift „Forschung und Erfahrung". Wenn nur ein Mörder wüsste, dass er sich nicht nur grobstoffliches Karma auflastet, sondern vor allen Dingen astrales, würde er sich solch eine Tat zweimal überlegen. Denn der Ermordete stirbt drüben immer und immer wieder. Dies passiert auch mit dem Mörder, er wiederholt immer wieder die gleiche Tat – bis zum Wahnsinn!

Ein Mann, der einige Jahre zuvor einen christlichen Prediger getötet hatte, wurde im Dschungel von einer Schlange gebissen und starb. Als er in die jenseitige Welt kam, sah er gute und böse Geister rings um sich her. Und weil die Ausstrahlung seiner Seele zeigte, dass er böse gesonnen war, hatten die negativen Geister bald von ihm Besitz ergriffen und trieben ihn nun weiter mit sich an den Ort der Finsternis. Einer der Heiligen bemerkte: „Er hat einen Mann Gottes durch das Gift seines Zornes, seiner Wut und des Hasses getötet, und nun ist er zum Ausgleich selbst getötet worden durch das Gift einer Schlange. Die alte Schlange, der Teufel, hat durch diesen Menschen einen Unschuldigen getötet; nun hat der Teufel durch eine andere Schlange, welche ihm gleich ist, diesen Menschen getötet, denn er war ein Mörder von Anfang an!" Dieses Gesetz des Ausgleichs widerfährt auch einem Tiermörder!

Der Getötete hat immer dieselbe Todespanik und ist einem ewigen Sterbetrauma ausgesetzt. Es kann sich keiner vorstellen, wie schlimm so etwas ist. Es ist schon grauenhaft, wenn man unter die Räder kommt, die einem den ganzen Leib zerquetschen. Aber noch schlimmer ist der Selbstmord von der geistigen Seite ausgesehen. Es soll leicht sein, sich eine Kugel durch den Kopf zu jagen. Aber, der Tod tritt nicht sofort ein, denn es sieht keiner, was der Sterbende empfindet: Ein riesiges Getöse und kein angenehmes Gefühl ist es, das sich in seinem Kopf erhebt, wenn ihn die Kugel durchfährt und er durchbohrt wird. Wohl schwinden nach und nach das Bewusstsein, aber er fühlt doch erst das Wüten in seinem Kopf, es sickert das Blut, er fühlt den heftigen Schmerz, er fühlt, wie eine breiige Masse im Gehirn sich bildet, welche durch das Projektil zerfetzt wird. Alles das fühlt er, nach dem die Kugel eingedrungen ist: Das ist nicht extrem qualvoll! Ebenso ist es, wenn einer eine Kugel sich ins Herz jagt. Er kann es genau beobachten, wie der Schmerz Sekunde um Sekunde erst stark und dann immer stärker wird, wie das Blut seinen Leib füllt und wie es die Räume einnimmt, die es nimmermehr einnehmen soll und darf. Die Lunge füllt sich mit Blut, wie gern möchte sie das Blut ausstoßen. Sie fühlt sich gezwungen, das Blut auszuwerfen, aber sie ist schon zu schwach. Die

Lunge kann nicht mehr arbeiten. Da tritt dann der Angstschweiß aus, wenn er nicht mehr auf die Stirn kann, so doch von innen an den Menschen heran. Es ist kein angenehmer Tod, besonders wenn man bedenkt, dass eine Sekunde dem Selbstmörder länger dünkt als im gewöhnlichen Leben, mindesten aber ein halbes Jahr! Es scheint uns Menschen so, als ob es bei dieser gewaltsamen Todesart schnell – in wenigen Sekunden – vorüber sei. Doch wenn man erfährt, dass der Begriff der Zeit – die an sich relativ und im Astralen nicht existent ist – sich von einer Sekunde zu einem halben Jahr verlängert, dann müsste das die Menschen mit einem Grauen erfassen! Noch dazu wird drüben alles dunkel und trübsinnig, und man hat noch viel mehr Depressionen als vor dem Selbstmord!

Etwas anderes tritt ein, wenn man im Kampf um eine gute Sache ermordet wird. Da kommt unerwartet der tötende Stahl. Deswegen ist die Hoffnung da: Es wird nicht so schlimm sein, es ist mir jetzt etwas widerfahren, ich habe eine Wunde im Kopfe, oder ich habe einen Stich in der Brust. Da ist nämlich die Begeisterung für die gute Sache, die man ausübte, ausschlaggebend, in der der Sterbende die tödliche Wunde empfing! Die lässt ihn nicht zu einem negativen Nachdenken kommen, da gibt es keine endlose Sekunde noch im Bewusstsein, um wieder weiterzukämpfen. Im Kampfe für eine gute Sache stirbt auch der leicht, der ermordet wird. Deshalb die Betonung von Franz Bardon auf die Gedankenkontrolle und Konzentration, die man in solch einem Fall zielbringend einsetzen muss, ja, sogar im Todesfall! Umgangssprachlich sagt man dazu, man muss immer auf der Hut sein! Eine kurze und kleine Anrufung z. B. des rituellen Namens Adonay reicht, um sich in die richtige Richtung zu schieben. Man muss den Selbsterhaltungstrieb in diesem Augenblick überwinden, es geht nicht anders, denn man befindet sich im Prozess des Sterbens, der unaufhaltsam ist. Es kommt in allen Dingen immer und immer wieder auf die richtige geistige Einstellung an. Das ist das Entscheidende!

Der Forscher Dr. Davis, der laut eigener Aussage über die Gabe des Hellsehens verfügte, beschreibt den Vorgang des Sterbens in der Zeitschrift „Die Andere Welt": *Der Kopf wurde in eine mild leuchtende Atmosphäre eingehüllt. Die innersten Teile des Groß- und Kleinhirns erweiterten sich. Die galvanischen Funktionen brachen ab und sättigten sich an der elektromagnetischen Lebenskraft der untergeordneten Organe. Das Gehirn wurde zehnmal stärker positiv-magnetisch als vorher. Dies geht in der Regel mit der physischen Auflösung einher. Somit hat der Sterbevorgang begonnen. Das Gehirn zog die übrigen Odkräfte aus dem Körper an sich. Dadurch wurde das Gehirn heller, die Extremitäten dunkler. Der Hellseher sah, dass sich über dem groben Kopf ein neuer, strahlender gebildet hatte. Während dieser vollkommener wurde, verschwand die leuchtende Atmosphäre, die vorhin aus dem Haupte kam. Danach bildete sich der restlich astrale Körper beginnend am Nacken. Da dem Körper die Lebenskraft entzogen wurde, äußerte sich dies im trügerischen Schein von Schmerzen. Der Astralkörper richtete sich auf und ein lichter Strom von Lebenskraft durchzuckte die Seele. Dies belehrte Dr. Davis, dass der Tod nur eine Geburt in einen höheren Zustand ist. Nachdem das Silberband zerriss, ging etwas von der Lebenskraft des Bandes in den toten Körper zurück. Der Astralkörper fing an zu atmen und der Hellseher sah, dass er genauso funktioniert, wie sein grobstoffliches Doppel. Der Astralkörper sah gesünder aus, als sein irdischer Körper.*

Man braucht keine Angst vor dem Tode zu haben, genauso wenig wie vor den geistigen Ebenen. Es gibt nämlich nur eine Quelle des Lebens, ein unendliches und allmächtiges Leben, dessen schöpferische Kraft allen lebendigen Dingen das Leben gab. Alle Geschöpfe leben in Ihm, und in Ihm werden sie für immer bleiben. Und dieses eine Leben erschuf wiederum unzählige andere Leben, die an Art verschieden sind; und eine ihrer Entwicklungsstufen stellt der Mensch dar, der nach Gottes eigenem Bilde geschaffen ist, auf dass er glücklich sein möge in Seiner Gegenwart. Deshalb kann man den Tod durchaus mit dem Schlaf vergleichen. Man schläft ein, ist sozusagen im Jenseits, das dem Unterbewusstsein analog ist, und träumt meistens wunderschöne Dinge, und man wacht auf, und ist wiedergeboren. Manche Menschen, so schreibt Max Däbritz in seinem Werk, sterben solch einen leichten Tod. Es gibt Menschen, die schlafen ein, und wachen nicht mehr auf. Nicht den Verlust des Ichs befürchtet man, denn sonst gäbe es auch eine Angst vorm Schlaf, sondern das Sterben selber wird gefürchtet. Viele Sterbende berichten in der einschlägigen okkulten Literatur, dass das Erleben des Sterbens etwas Wunderschönes sei. Ertrinkende, die gerettet wurden, berichten etwas Ähnliches. Zuerst der Kampf ums Überleben im Wasser, der durch den Selbsterhaltungstrieb hervorgerufen wird. Dann das beseligende und harmonische Hinübergleiten, in dem sie himmlische Musik hörten und liebliche Landschaften schauten. Dies berichtete auch der Vater des bekannten Okkultisten und Fraternitas Saturni Mitgliedes Frater Giovanni in der

Logenschrift „Blätter für angewandte okkulte Lebenskunst".
Der Tod wird immer durch ein Zeichen auf der Stirn angezeigt, das aber nur ein wahrer Hellseher wahrnehmen kann, wie F. B. Marby berichtet. Doch gewisse Hinweise bekommt auch der Sterbende. Manche dieser Menschen träumen von ihrem Tod, oder sehen ihren Namen, z. B. im Fernseher aufleuchten.
„Der Tod sucht Ursache", lautet eine alte Bauernregel. Sie bezieht sich auf das Unbrauchbarwerden des Körpers, d. h., dass alte Menschen nicht mehr so an die Erde gebunden sind, sondern sich innerlich mehr mit dem Tod beschäftigen. Die Phase tritt zwischen dem 77. und 84. Lebensjahr ein.
Anion sagte mal zu einem Hermetiker, der sich charakterlich nicht entwickeln wollte: „Deine einzige Wandlung wird dein Tod sein", und schmiss ihn aus der Wohnung.
Aus all dem ist zu ersehen, dass das irdische Leben nur ein kurzer Aufenthalt ist, wie es in der christlichen Religion gelehrt wird. Der Mensch steigt nur herab aus seiner Heimat, der Astralwelt, um hier auf Erden seine Entwicklung zu beschleunigen und zu vollenden. Auch sein Erdenkörper besteht aus Erde und geht wieder zu ihr zurück. Da der Körper nur für die Entwicklung geliehen ist, ist er nicht unser Eigentum und wir dürfen ihn nicht ohne Weiteres zerstören und Selbstmord begehen. Die christliche Religion verdammt dieses Vergehen. Anders dagegen ist der Freitod des japanischen Kriegerstandes der Samurai, der einen gewollten religiösen Kult des Opfertodes darstellt.
Der egoistische Selbstmörder sollte anstatt zu sagen, das Leben bietet mir nichts mehr, sich fragen, was kann ich der Erde, den Mitmenschen oder meiner Entwicklung geben? Das wäre wahre Selbstüberwindung. Ist er hinübergegangen, sieht er eindeutig, dass er sich total verkalkuliert und seine Entwicklung mutwillig weggeworfen hat. Das ist nicht wiedergutzumachen! Er muss die Leidenszeit bewusst abwarten, die eine Zeit der Selbstvorwürfe darstellt, die für ihn die Hölle bedeutet. Inkarniert er sich wieder, dann steht er genau wieder vor demselben Problem wie im Vorleben, wenn nicht noch schlimmer.
Man sagt im Volksmund nicht zu Unrecht: „Wird ein Mensch geboren, so stirbt ein Geistwesen und wird im Erdenleib begraben."
Man sollte sich auch keine Versprechen geben, nach dem Tode sich treu zu bleiben. Denn dadurch zieht man den Verstorbenen an und es kommt zum Vampirismus, wie es der Neugeistler Brandler-Pracht in der Zeitschrift

„Psyche" beschrieb.
Viele Tote starben mit einem Lächeln auf den Lippen, weil sie geistig sehr reif waren und sahen, dass viele gute Wesen ihnen den Übergang erleichtern. Somit ist der Tod kein Schreckgespenst, kein Gerippe mit Sense, sondern ein schöner Jüngling, wie ihn Anion beschrieb. Man sagt ja zurecht von sterbenden Greisen, sie entschlafen. Als meine Schwiegermutter in Herne im Marienhospital starb, konnte sie nicht vollbewusst sterben, da sie aufgrund von Lungenkrebs unter Sauerstoffmangel litt, der ihr Hirn zerstörte. Jedoch als sie tot war, entstand für uns ein überraschendes Glücksgefühl im Krankenzimmer, das uns über alle Maßen überraschte. So was hatten wir noch nie empfunden. Die Meisterin Ariane sagte zu uns, dass dieses Gefühl von Osrail hervorgerufen wurde, der uns mitteilten wollte, das der Übergang gut verlaufen war.
Kunst und Dichtung haben den Tod in schrecklichen Bildern gezeigt. Als Gerippe mit höhnisch grinsendem Schädel, die Sense in der Hand, die unseren Lebensfaden durchschneidet. Oder als furchtbare Schreckensgestalt mit der Totenuhr in ihrer fleischlosen Hand. Aber all dies sind nur Symbole. Die Griechen hingegen haben die Gottheit des Todes niemals so dargestellt. Der Tod, wie sein Bruder der Schlaf, wurden ohne Attribute und ohne Altersunterschiede gezeichnet. In der römischen Kunst wurde der Tod als geflügelter Knabe mit umgekehrter Fackel dargestellt. Dieses Wesen zählt zu den Genien der Todesruhe. Mors, die Personifikation des Todes, ist eine reichbekleidete Frau mit verhülltem Haupt. Im Altertum hat man zwar Skelette aufgestellt, aber nicht als Sinnbild des Todes. Auch der ursprünglichen christlichen Kunst war das fremd. Das waren eher die Taube, als zum Himmel fliegende Seele, oder der Pfau als Symbol der Verklärung oder der Erlösung. Das christliche Skelett kam erst im 13. Jahrhundert nach Europa als Symbol aller Vergänglichkeit des Irdischen. Doch durch die verheerenden Seuchen wie der Pest wurde es mit dem übersteigerten religiösen Empfinden zum Ebenbild des Todes. In alter Zeit legte man sogar dem Toten Münzen auf die Augen, damit ihn der Fährmann – Osrail – besser und sicherer über den Totenfluss ins Jenseits geleiten konnte.
Den Austritt der Seele fasste Raymond Moody in mehreren Punkten zusammen (Aus „Leben nach dem Tode" S. 20):
„Ein Mensch liegt im Sterben. Während seine körperliche Bedrängnis sich ihrem Höhepunkt nähert, hört er, wie der Arzt ihn für tot erklärt. Mit einem

Mal nimmt er ein unangenehmes Geräusch wahr, ein durchdringendes Läuten oder Brummen, und zugleich hat er das Gefühl, dass er sich sehr rasch durch einen langen, dunklen Tunnel bewegt. Danach befindet er sich plötzlich außerhalb seines Körpers, jedoch in derselben Umgebung wie zuvor. Als ob er ein Beobachter wäre, blickt er nun aus einiger Entfernung auf seinen eigenen Körper. In seinen Gefühlen zutiefst aufgewühlt, wohnt er von diesem seltsamen Beobachtungsposten aus den Wiederbelebungsversuchen bei. Nach einiger Zeit fängt er sich und beginnt, sich immer mehr an seinen merkwürdigen Zustand zu gewöhnen. Wie er entdeckt, besitzt er noch immer einen „Körper", der sich jedoch sowohl seiner Beschaffenheit als auch seinen Fähigkeiten nach wesentlich von dem physischen Körper, den er zurückgelassen hat, unterscheidet. Bald kommt es zu neuen Ereignissen.

Andere Wesen nähern sich dem Sterbenden, um ihn zu begrüßen und ihm zu helfen. Er erblickt die Geistwesen bereits verstorbener Verwandter und Freunde, und ein Liebe und Wärme ausstrahlendes Wesen, wie er es noch nie gesehen hat, ein Lichtwesen, erscheint vor ihm. Dieses Wesen richtet – ohne Worte zu gebrauchen – eine Frage an ihn, die ihn dazu bewegen soll, sein Leben als Ganzes zu bewerten. Es hilft ihm dabei, indem es das Panorama der wichtigsten Stationen seines Lebens in einer blitzschnellen Rückschau an ihm vorüberziehen lässt.

Einmal scheint es dem Sterbenden, als ob er sich einer Art Schranke oder Grenze nähere, die offenbar die Scheidelinie zwischen dem irdischen und dem folgenden Leben darstellt. Doch wird ihm klar, dass er zur Erde zurückkehren muss, da der Zeitpunkt seines Todes noch nicht gekommen ist. Er sträubt sich dagegen, denn seine Erfahrungen mit dem jenseitigen Leben haben ihn so sehr gefangengenommen, dass er nun nicht mehr umkehren möchte. Er ist von überwältigenden Gefühlen der Freude, der Liebe und des Friedens erfüllt. Trotz seines inneren Widerstandes – und ohne zu wissen wie, vereinigt er sich dennoch wieder mit seinem physischen Körper und lebt weiter.

Bei seinen späteren Versuchen, anderen Menschen von seinem Erlebnis zu berichten, trifft er auf große Schwierigkeiten. Zunächst einmal vermag er keine menschlichen Worte zu finden, mit denen sich überirdische Geschehnisse dieser Art angemessen ausdrücken ließen. Da er zudem entdeckt, dass man ihm mit Spott begegnet, gibt er es ganz auf, anderen davon zu erzählen. Dennoch hinterlässt das Erlebnis tiefe Spuren in seinem

Leben; es beeinflusst namentlich die Art, wie der jeweilige Mensch dem Tod gegenübersteht und dessen Beziehung zum Leben auffasst."
Der Film mit dem bekannten Schauspieler Bruce Willis – „The 6th Sense" – beruht auf wahren Begebenheiten, dass gewisse geistige Wesen den Auftrag haben, getötete Menschen über ihren Tod aufzuklären. Auch gibt es Fälle, wo ermordete Menschen an der Klärung des Falles beteiligt werden und dadurch den Mörder überführen dürfen. Dabei treten seltsame Verwicklungen auf. Das sind aber meistens ausgeglichene Menschen, denen dieser Wunsch gestattet wird. Man sieht, es gibt mehrere Vorteile des magischen Gleichgewichts.

Der letzte Wunsch ist genauso entscheidend, wie der letzte suggestive Gedanke vor dem Einschlafen, wie wir oben gesehen haben. Dieser verwirklicht sich genauso, wie der Gedanke vor dem Tod. Aus diesem Grund wird der Schlaf des Todes kleiner Bruder genannt. Dies belegt die Geschichte, welche mir Ariane erzählte. Sie hatte eine Vision, in der sie sah, wie ein Asiate mit langen schwarzen Haaren im Bette liegend seinen Mund auftat, und es kam ein kleiner europäischer Mann heraus. Als sie das Erlebnis Anion erzählte, sagt dieser zu ihr, dass das sein Wunsch war, einen Magier als Vater in der nächsten Verkörperung zu haben. Dieser wurde ihm in Schweden zuteil.

Mich wunderte es, als mir Ariane noch erzählte, dass sie eines Tages tot in ihrer Wohnung lag. Sie hatte einen Blutsturz, denn sie war mit Daniela schwanger. Anion war arbeiten und so konnte ihr keiner helfen. Sie trat aus und sah einen schönen, hellerleuchteten Tunnel, an dessen Ende das schönste und hellste Licht der Welt war. Es war unbeschreiblich. Sie sah ihre Freunde, die bereits verstorben waren. Sie winkten ihr zu, lächelten sie an und machten ihr die Ankunft in der neuen Welt so angenehm wie möglich. Ich war erstaunt, denn ich meinte, dass derartige Vorkommnisse auf Sinnestäuschung zurückzuführen seien. Doch Anion, der eine Stunde später zuhause war, sah das ganze Blut in der Wohnung, und musste kurz überlegen, was er machen konnte. Frau und Kind waren ja tot. Er begab sich mit seinem Mentalkörper in eine hohe Ebene und beauftragte ein Wesen mit der Wiederbelebung seiner toten Frau. Eine Sekunde später atmete sie wieder. Jedoch das Kind musste drüben bleiben, weil das für dessen Entwicklung das Bessere wäre. Leider hatte alles zwei Seiten. Er konnte zwar seine Frau wieder zurückholen, aber sie musste diese Tatsache mit schweren Krankheiten ausgleichen.

Auch die bekannte Geschichte vom schachspielenden Tod um eine Leiche entspricht einer wahren astralen Begebenheit. Ein Magier spielte mit einem Untergebenen von Osrail. Er wollte einen Toten zurückholen und wusste, dass dieser Diener gerne Schach spielte. Er machte ihm das Angebot, bei Sieg den Toten zu bekommen. Der Tod willigte aus Gründen des Stolzes ein, vergaß aber dabei, dass letzten Endes immer der wahre Magier siegt. Und so war es auch, er besiegte ihn im Spiel und konnte den Toten aus den Klauen des Genius befreien.

2. Der Übergang ins Astralreich:

Einige okkult-wissende Autoren schreiben, dass der Übergang ins Jenseits über eine Brücke erfolgt. Diese Brücke kann auch ein Regenbogen oder ein Fluss, zum Beispiel der griechische Unterwelt-Fluss Styx sein. Nach Dr. Lomer braucht man drei Tage, um ins Jenseits zu gelangen. Nach dem Tod soll der Astralkörper noch einige Stunden über die Astralmatrize mit dem Körper verbunden sein. Die Loslösung geschieht manchmal langsam. Aus diesem Grund gibt es die dreitägige Totenwache, wo man für den Toten als Symbol dessen ein Licht anzündet.

Ein wunderbares Beispiel für einen wahren Austritt mit dem Astralkörper wird im Film „Auf der Suche nach dem goldenen Kind" mit Eddie Murphy gezeigt. Der Gegengenius, genannt Sado Numbspa, begibt sich in ein Asana, singt einen Ton, eine Rune, und man sieht, wie sich die ihm umgebende Mauer auflöst, die Steine bröckelten ab und er befand sich in der gewünschten Ebene des Dämons. Diese bestand aus feurigen, zackigen und spitzen Steinen. Sitzend auf einem spitzen Felsen besprach er die neuen Instruktionen, die er von seiner Dämonengottheit bekam.

Viele gewöhnliche Menschen, die übertreten, befinden sich im Zustand des tiefen Schlafes. Andere glauben, sich verlaufen zu haben oder sind verwirrt, wenn sie drüben ankommen. Die Verstandesverwirrten werden von dem befremdlichen Dunkel von Furcht gequält. Anderen schlägt das Gewissen, und sie leiden unter Angst und Schuldgefühlen wegen ihres Lebenswandels auf Erden. Manche werden von selbstischen und bösen Regungen getrieben, Gelegenheit zur Betätigung ihrer Neigungen zu suchen. Es zeigt sich dadurch die bedingte Schönheit und Hässlichkeit im Menschen, die mit

Licht und Finsternis zusammenhängt, den beiden großen Prinzipien, die hervorgebracht werden durch die gute oder die schlechte Qualität in der eigenen Persönlichkeit. Hier zeigt sich weiter die Vollkommenheit in jener und die Vollkommenheit in dieser Welt und berührt auch die Täuschungen im irdischen Sein, wo durch das Grobstofflich-Körperliche die gute oder schlechte Qualität der Seele verdeckt wird. Es berührt auch die Täuschungen in jener Welt, die durch schwarzmagische Kräfte hervorgerufen werden können, denn die negativen Genien suchen sich nach Möglichkeit schön von Gestalt, als Engel des Lichts, zu zeigen, wie auch die Heilige Schrift sagt. Deshalb kann jeder negativ eingestellte Mensch, der um die Gesetze weiß, sich mit diesen Wesen verbinden, um mit ihnen zusammenzuarbeiten. Er überwindet die Hindernisse jenseits des Todes und verschreibt sich dem negativen Prinzip. Seine Macht wächst mit seiner Bösartigkeit, mit seiner negativen Mentalität. Je negativer er wird, desto mächtiger sind seine Fähigkeiten. Er wird so wie sein von ihm verehrtes Prinzip. Jener Schurke, der sich schon diesseits kein Gewissen daraus machte, die größten Schlechtigkeiten zu begehen, der überwindet auch jenseits des Todes die vorerst eintretenden Hemmungen, sich dem *Teufel* zu verschreiben. Er erhält dadurch Macht und Gewalt zum negativen Handeln. Je tiefer er in dieses Prinzip eindringt, desto mehr wächst seine Kraft. Doch des Gnostikers einstiges Ende ist nicht erfreulich, sondern entsetzlicher, als der Menschensinn überhaupt zu ahnen vermag; denn nach den ehernen Gesetzen der göttlichen Weltgerechtigkeit schmiedet er sich selbst sein Schicksal, und jede Schlechtigkeit, die er anderen zufügte, müsste er bis in alle Ewigkeit abbüßen. Durch seinem Bund mit dem Teufel hat er eine schwere Sünde wider den Heiligen Geist begangen, die ihm nicht vergeben wird. Erst wenn er voll abgebüßt hat, bereut und glaubt, tritt der Wandel, die Erlösung in Kraft und das Schicksal lässt ihn neue Wege gehen. Im Astralen ist alles möglich, es ist ja die Ebene des Alles in Allem!
Aber dazu ist ein übermenschlicher Wille nötig! Der freie Wille des Menschen ist sein eigentliches Gesetz, darnach handelt er. Im Gegensatz dazu unterliegt der Hypnotisierte dem Willen, dem Gesetz des Hypnotiseurs; dieser zwingt ihn unter seine Ideenwelt. Dieser Wille ist unbestreitbar eine Kraftäußerung, folglich ist die Ursache der Wille, eine Kraft und zwar bewusste oder Personalkraft. Diese Kraft löst sich aus dem Willen des Hypnotiseurs und überträgt sich auf den Hypnotisierten. Während der Zeit der Übertragung liegt also dieser Wille, diese Kraft

außerhalb der Persönlichkeit. Damit wird aber bezeugt, dass eine Personalkraft außerhalb der Person zu existieren vermag, der des menschlichen Körpers während dieser Zeit nicht bedarf. Das Gleiche ist mit den Gedanken und Empfindungen der Fall. Ein Gesetz ist die Willensäußerung eines Gesetzgebers. Je weiser, vernünftiger und vollkommener das Gesetz, desto vollkommener der Gesetzgeber. Die vollkommensten und weisesten Gesetze aber sind die vierpoligen Naturgesetze. Sie bedürfen nicht wie andere Gesetze zur Erfüllung handelnder Personen, sondern arbeiten durch die hineingelegten kosmischen Kräfte von selbst präzis, ganz neutral, weil Personalkräfte des Weltenschöpfers in ihnen ruhen, die er aus sich herausstellte und niedriger transformierte.

Eine Hauptbedingung zur Kraftäußerung ist der Glaube, aber nicht der, den die heutigen Menschen als solchen meinen, sondern der Glaube, den Meister Joschuah, der offenbarte Gott, lehrte; der feste Wille, der ohne den geringsten Zweifel, ohne das geringste Schwanken sein Ziel verfolgt; jener Berge versetzende Glaube ist hier gemeint.

Der normal Sterbliche hingegen bleibt im Jenseits in diesem Dämmerzustand, bis sich die zersetzende Wirkung ihrer Wünsche herausgestellt hat. Die Seele schreit dann nach besserer Einsicht und Erleuchtung und fortgeschrittene Geister kommen, um ihnen weiterzuhelfen. Das Leben eines solchen Menschen in der Astralebene ist mehr ein vergeudender Schlaf, ein unbewusster Traum, der niemanden etwas bringt. Man muss unbedingt seines eigenen Wesens bewusst werden. Dazu dient die Rückschau auf sein Leben, die Erkenntnis seines Charakters. Die Reflexion des Lebens dient der Selbsterkenntnis, dass man sich in dieser oder jener Richtung ausgleichen muss. Deswegen sagt man, dass während der Überfahrt das Seelengericht statt findet. Man sieht seine guten und bösen Taten vor seinem geistigen Auge ablaufen. Platon legt an verschiedenen Stellen in seinen Schriften dar, wie die Seele nach ihrer Ablösung vom Körper mit den Geistern anderer Verstorbener verkehrt und von hilfreichen Wesen geleitet wird bei ihrem Übergang vom körperlichen Dasein in die nächste Sphäre. Er erzählt, wie manche darauf warten, in ihrer Todesstunde von Freunden geholt zu werden, die sie übersetzen über ein Wasser an das jenseitige Ufer ihrer Existenz nach dem Tode. Der Tod ist nach Plato gleich der Flucht oder Freilassung – je nach Schicksal – aus diesem Gefängnis namens Körper. Man gelangt zu seiner wahren

Bestimmung!
Platon erzählte die Geschichte eines Mannes, nämlich er selbst, welcher einst im Kriege gestorben war, und er wurde nach zehn Tagen nach Hause gebracht, um bestattet zu werden. Als er aber am zwölften Tage auf dem Scheiterhaufen lag, lebte er wieder auf und berichtete sodann, was er im Jenseits gesehen hat. Er sagte, dass nachdem seine Seele ausgefahren sei, sei sie mit vielen anderen gewandelt, und sie wären an einen wunderbaren Ort angelangt, wo im symbolischen Sinne Gericht gehalten wurde. Aber er musste sich nicht dem Gericht stellen, sondern konnte wieder in das irdische Leben zurückkehren. Wie und auf welche Weise er wieder zu seinem Leibe gekommen sei, wisse er nicht, sondern nur, dass er plötzlich sich morgens zur Bestattung auf dem Scheiterhaufen liegend vorgefunden hatte.
Bei unerträglichen Schmerzen ist es von Vorteil, den Sterbenden Narkotika zu geben, obwohl das Erlebnis des Übertritts dadurch verloren geht. Dieses Erlebnis besteht aus der zeitraffenden Rückschau der positiven und negativen vollbrachten Taten auf Erden und das Schauen des *großen Lichtes*. Danach tritt genauso wie bei der Geburt der Schlaf ein. Deshalb trachten geistig-geschulte Menschen das Erlebnis nach Möglichkeit in allen Phasen zu erleben und ohne Unterbrechung des Bewusstseins in das neue Kleid schlüpfen. Sie sterben bewusst und werden infolgedessen auch bewusst geboren. Sie verlieren **keine Zeit**. Deswegen wurde in frühchristlichen Zeiten um die Gnade des bewussten allmählichen Sterbens gebetet und der unvorbereitete Tod galt als beklagenswert. In der heutigen Zeit ist man anderer Anschauung. Man scheut den Übertritt in die Lichtwelt, weil man den Tod fälschlicherweise als Ende von allem sieht.
Der Hellseher A. J. Davis gibt in seinem Buch „Himmelsboten" Seite 99-103 eine interessante Darstellung seines eigenen Todes und den Übergang in die Astralwelt wider:
„Krankheit warf mich nieder. Von Woche zu Woche bemerkte ich eine fortschreitende Veränderung in meinem Körper als Vorläufer des Wechsels, der Tod genannt wird. Dieser Wechsel kam heran an einem Tage, als die Sonne noch nicht im Westen verschwunden war und es mich mahnte, meinen Freunden Lebewohl zu sagen. Der Wechsel überkam mich wie ein Schlummer. Als der Schlaf immer tiefer wurde, verschwand das Zimmer, in dem ich lag mit all seinen Gegenständen und Personen. Je mehr ich bestrebt war, mein Bewusstsein festzuhalten, desto bewusstloser

wurde ich, und der Zugang, der mich mit der äußeren Welt zu verbinden schien, wäre für immer verschlossen, so dachte ich. Fürchten und wünschen, diese Empfindungen bildeten die letzten Glieder der Kette meines Lebens und ich strebte, sie noch zu befestigen, da sie für immer zu entspringen drohten.
Dieser Qualgedanke war kaum aufgetaucht, empfand ich plötzlich, wie alle Lebenskräfte, die sonst in meinen Händen und Füßen wohnten, zum Hirn hinströmten. Dies war ein beruhigendes Gefühl, das meine ganze Natur durchrieselte und einen tiefen Frieden auslöste, dem bald ein Zustand völliger Bewusstlosigkeit folgte. Wie lange ich in diesem blieb, weiß ich nicht. Aber das volle Bewusstsein kehrte wieder. Mit der Wiederkehr des vollen Bewusstseins traten viele neue Einflüsse auf, die mir die Gewissheit über die Auferstehung der Seele und eine höhere Erkenntnis über die Natur gaben. In dem Augenblick, als ich die Wahrheit erfuhr, sog meine Brust fröhlich die silberne Luft ein, die mich umschloss. Durch die Schönheit dieser Empfindung entzückt, merkte ich gar nicht, dass meine Seele dem Körper, den er bisher bewohnt hatte, entwichen war.
Ich versuchte, die Augen zu öffnen, um meine Freunde wiederzusehen und ihnen von dem Wohllaut meiner Seele zu erzählen. Ich sagte, ich sei nicht gestorben und dass ich nur eine Verwandlung der Krankheit und Leiden zu einem erneuten Zustand des Lebens erfahren hatte. Aber allmählich ging mir der Sinn auf und anstatt die äußeren Formen meiner Freunde zu sehen, schaute ich ihr inneres Leben und las ihre tiefsten Gedanken.
Ich sah sie weinen und klagen über das Hinscheiden eines der ihren und als ich meine Wahrnehmungen dorthin lenkte, wohin sie ihre Augen richteten, erblickte ich (in ihren Gedanken) den Körper, den ich bisher getragen hatte. Ich versuchte, ihnen klar zu machen, dass dieser Körper nichts sei, dass ich einen besseren Leib besitze und unter ihnen stehe. Aber ich musste feststellen, dass keine Mitteilungen zwischen ihnen und mir stattfinden konnten, denn sie lebten in einem Zustand des Daseins und ich in einem anderen. Sie konnten nur durch die materiellen Sinne miteinander verkehren. Ich aber konnte nur zu ihnen sprechen durch das reine Medium von Denken und Wünschen.
Ich war zu sehr von den neuen und vielsagenden Begriffen umfangen, als dass ich der Aufmerksamkeit meiner Freunde, die sie dem Toten schenkten, mich hätte widmen können. Ich erkannte innerlich, dass es ihnen dereinst wohlergehen würde und diese Erkenntnis verlieh mir einen völligen

Gleichmut ihren Gefühlen und Geschicken gegenüber.
Nach dieser Erkenntnis verfiel ich in wenigen Augenblicken in einen tiefen und ruhigen Schlaf, aus dem ich mit einem eigentümlichen Gefühl erwachte. Meine Augen öffnend, erblickte ich in den Szenen und Gestalten um mich herum, mehr vereinigte Liebe und Freundschaft, mehr Größe und Herrlichkeit, als du begreifen kannst. Was ich sah, kannst du weder verstehen, noch berichten. Soll ich dir sagen, dass ich die himmlische Auferstehung, welche die Götter den früheren Erdenbewohnern verheißen haben, in Wirklichkeit erfuhr?
Ich atme beständig klare, reine Luft. Ein Silberstrom von Musik, der auf der Atmosphäre zu schwimmen schien, entzückte mein Ohr und mein Auge, weidete sich an den hellen Auen eines Landes ohne Grenzen. Ein Himmel von unaussprechlicher Wonne drang auf mich ein und ein Gedanke sprach zu mir: „Suche die Dinge, welche dich zumeist anmuten." Und augenblicklich fühlte ich mich angezogen von einer Gruppe freundlicher Personen, die mir nahe standen. – Du siehst nun, was für ein einfacher und veredelnder Vorgang das Sterben ist. Du siehst, dass man dabei durch kein Tal voll grausiger Schatten wandern muss und dass der Tod kein ewiger Schlaf ist. Aber ich muss dir sagen, dass nur der Gute sanft stirbt!"

Selbst ein Mitglied der Loge Fraternitas Saturni namens Amenophis hatte eine außerkörperliche Todeserfahrung durchgemacht. Nach eigener Aussage lag er am Operationstisch nach einem schweren Flugzeugunglück. Ärzte und Schwestern rechneten mit seinem Exitus. Der Frater wanderte bereits auf der sogenannten *weißen Landstraße*, als er den Impuls in sich fühlte, wieder in seinen Körper zurückzukehren. Ohne sich einer besonderen Aufgabe bewusst zu sein, brachte er außer Heilkräften die Überzeugung mit sich, im irdischen Dasein noch gebraucht zu werden.

In den frühen Menschheitsepochen, wo der Mensch nur ein Gebilde aus luftigen, ätherähnlichen Stoffen war, betrachtete er dies nur als Gewand, das er jeder Zeit ablegen konnte. Er war aber nur ein komischer Träumer, weil er immer in der geistigen Welt lebte und für ihn gab es keine Entwicklung bzw. keinen Aufstieg. Es gab ja keine Hindernisse, keinen Hunger, keine Wettereinflüsse, keine Krankheiten an denen er sich messen konnte. Als der astrale Mensch sich mehr und mehr materiell verkörperte, geschah der erste Tod, der erste Mord. Das wird in der Bibel ausführlich beschrieben. Am Ende unserer Entwicklung wird es wieder genauso sein, wie zu Beginn der Schöpfung. Der Mensch, der stirbt, tritt mit seinem

Astralkörper einfach aus seinem materiellen Leib und wechselt die Ebene.

3. Die Astralebene:

Nach dem Übergang beginnt in der Astralebene die Zeit der Läuterung. Die Theosophen sagen, dass der Mensch aus der leidenschaftlichen Trias, die die irdischen Bestandteile enthält, besteht. Das Irdische verträgt sich nicht mit der Astralebene und muss deshalb abgebaut werden. Dr. Lomer bestätigt dies in seinen „Lehrbriefen". Er fasst vier Dinge zusammen:
1. den grobstofflichen Körper,
2. den feinstofflichen Körper,
3. das Triebleben und
4. das niedere Denken.

In diesen vier Körpern haben wir die Trias, die niedere Viergliedrigkeit, deren letzte drei Glieder die Seele bilden und zwar den *sterblichen* Teil. Verliert sich dann das gesamte Denken in diese Körper, die ausschließlich dem Erdenleben dienen, fallen diese drei mit dem Tod. Der Mensch stirbt im wahrsten Sinne nochmals und dies im Sinne des Satzes: *„Wer sein Leben erhalten will, verliert es, wer es aber für mich verliert, der findet es."* Genau dies schreibt auch Meister Franz Bardon in seinem Werk „Hohe Magie".

Seine Begierden kann man nicht auf einen Schlag abschütteln. Bei vielen dauert das länger, bis sie sich vergeistigt haben. Diese Phase ist schmerzhaft, denn der Mensch muss seine Fehler erkennen. Er betritt das Zwischenreich der Läuterung, das Fegefeuer, die Hölle oder Hades. Die Juden nennen es Scheol. Dante setzt in seiner „Göttlichen Komödie" über den Eingang zur Hölle die Worte: *„Lasst alle Hoffnung hinter euch, die ihr eintretet"*, und es widerstrebt dem Denkenden an die Tatsächlichkeit jener Orte. Aber sie existieren, denn sie dienen der Entwicklung, wie hart das auch klingen mag. Auch wenn es diesen Ort nur im Astralreich gibt, so kann er dennoch schmerzen bereiten.

Selbst Max Däbritz schreibt in seinem Buch „Hinter den ehernen Pforten des Todes", dass sich viele Wesen bei spiritistischen Sitzungen gemeldet hatten, welche bekanntgaben, dass sie ihren Charakter nun geändert hatten. Dieser Wandel ermöglichte es ihnen, in höhere Sphären aufzusteigen bzw.

neue und bessere Kenntnisse zu erlangen. Leichter würde es einen Menschen fallen, dies zuerst im Irdischen zu vollbringen, bevor er in der jenseitigen Unendlichkeit ohne Hindernisse dies zustande bringen müsste. Die meisten Menschen kommen verwirrt an, sind total unbewusst, da das alles neu für sie ist. Sie sind wie betäubt, müssen sich erst an das Unbekannte gewöhnen. Der Schlaf, der beim Übergang eintreten kann, den kann man auch als Lethargie deuten, der auftritt, wenn man den neuen Zustand nicht versteht. Andere sagen, dass eine Art Traumleben eintritt, bis das Erdgebundene beseitigt ist. Nur ist dieser Zustand nicht so zu sehen, wie wir ihn auf Erden kennen. Es ist mehr ein vor sich hindämmern.
Ariane erzählte mir, dass sie mit Laosa, der Vorsteherin des Wanderns die einzelnen Sphären besuchte. Unter anderem eine sehr niedere, weil sie wissen wollte, wie die materiellen Menschen dort leben. Dort zeigte ihr Laosa einen Dämon, der ungefähr so aussah wie der Balrog von Morgoth im ersten Teil von „Herr der Ringe", der mit seiner Feuerpeitsche die Menschen, die sich noch an ihre seelischen Leidenschaften klammerten, auspeitschte. Dadurch brachte er ihnen furchtbare Schmerzen bei, die sie aber von der negativen Eigenschaft befreiten. Ariane empfand diese Ebene als sehr trostlos, und sie spürte förmlich die Schmerzen der Gefolterten.
Man kann zum Vergleich Dantes „Göttliche Komödie" heranziehen, wo auch Menschen beschrieben werden, die mit ihrer Leidenschaft schon so sehr verschmolzen sind, dass für sie keine andere Möglichkeit existiert, als auf diese Weise davon freizukommen. Denn rein körperliche Begierden müssen aufgelöst werden. Auch Swedenborg bestätigt dies in seinem Werk „Himmel und Hölle".
Die Theosophen sagen, dass sämtliche Begierden im Astralkörper, welche in der Hölle, die sie Kama Loka oder Fegefeuer nennen, ausgebrannt werden müssen. Das ist zum Teil ein sehr schmerzvoller Vorgang, da die Begierde zu keiner Befriedigung gelangen kann. Ist die Leidenschaft ausgelöscht, bleibt aber dennoch die Veranlagung zu dieser Tätigkeit bestehen. Sie muss in der nächsten Verkörperung nicht ausbrechen, aber die Gefahr dazu besteht. Der Wille, es nicht zu tun, schützt davor!
Dem Theosophen C. W. Leadbeater zufolge haben Kinder einen wunderschönen Aufenthalt in der Astralebene, da ihr ganzes Denken nur auf Spielen ausgerichtet ist. Sind sie ein Held, verwandeln sie sich in ihn und auch Schlösser und Burgen entstehen drüben in ihrer Fantasie, denn jeder Gedanke wird Wirklichkeit. Sadhu Sundar Singh berichtet darüber in

„Gesichte aus der jenseitigen Welt": *Ein kleines Kind starb an Lungenentzündung, und eine Schar von Engeln kam, um seine Seele in die Geisterwelt zu führen. Ich wünschte, seine Mutter hätte diesen wundervollen Anblick sehen können, dann hätte sie, anstatt zu weinen, voll Freude gesungen; die Engel sorgen ja für die Kleinen mit einer Liebe und Sorgfalt, wie sie keine Mutter je zeigen könnte. Ich hörte einen Engel zum anderen sagen: Sieh doch, wie die Mutter dieses Kindes über die kurze, zeitliche Trennung weint. In wenigen Jahren wird sie wieder glücklich sein, zusammen mit ihrem Kinde. Dann brachten die Engel die Seele des Kindes in jenen schönen, lichterfüllten Teil des Himmels, der für die Kinder bestimmt ist, wo sie für sie sorgen und sie in aller himmlischen Weisheit belehren, bis die Kleinen allmählich werden wie die Engel.*

Nach einiger Zeit starb auch die Mutter des Kindes, und ihr Kind, das nun wie die Engel geworden war, kam mit anderen Engeln, um die Seele seiner Mutter zu bewillkommnen. Als es zu ihr sagte: Mutter, kennst du mich nicht? Ich bin dein Sohn Theodor, da floss das Herz der Mutter über vor Freude, und als sie sich umarmten, da fielen ihre Tränen herab wie Blumen. Es war ein ergreifender Anblick. Und als sie dann miteinander gingen, zeigte und erklärte der Sohn ihr alle Dinge ringsum, und für die Zeit, da sie in dem Zwischenzustand sein musste, blieb er bei ihr. Und als die für die Belehrung jener Welt nötige Zeit beendet war, nahm er sie mit sich in die höhere Sphäre, wo er selber wohnte.

Dort waren ringsum wundervolle, liebliche Landschaften und es befanden sich darin zahllose Seelen von Menschen, die in der Welt alle Art von Leiden um Christi willen ertragen hatten und am Ende zu diesem herrlichen Ort der Ehren erhoben worden waren. Alles ringsum war einzigartig und außerordentlich schön, Gebirge, Quellen, Ebenen, und in den Gärten war ein Überfluss an süßen Früchten und schönen Blumen aller Art. Alles, was das Herz begehren konnte, war dort. Da sagte der Knabe zu seiner Mutter: In der Welt, die der matte Abglanz dieser wirklichen Welt ist, trauern unsere Lieben um uns, aber sag mir, ist dies hier der Tod oder nicht vielmehr das wirkliche Leben, nach dem jedes Herz sich sehnt? Die Mutter sagte: Mein Sohn, das ist das wahre Leben. Hätte ich in der Welt die volle Wahrheit über den Himmel gewusst, so würde ich nimmer um deinen Tod getrauert haben. Wie traurig ist es doch, dass die Menschen in der Welt so blind sind! Trotzdem Christus sich ganz deutlich über diesen Zustand der Herrlichkeit geäußert hat und die Evangelien uns immer wieder von diesem ewigen Reich des Vaters erzählen, verspüren dennoch nicht nur Unwissende sondern auch viele erleuchtete Gläubige nichts von seiner Herrlichkeit. Gebe Gott, dass alle zu der immerwährenden Freude dieses Ortes kommen mögen!"

Die Kleinen sind immer fröhlich. Auch Säuglinge, die früh verstarben, finden drüben eine Frau mit sehnsüchtigen, mütterlichen Gefühlen, welche sich lieblich um die Kleinen kümmert. Wie hüben so drüben. Meist ist es so, dass sich solche jungen Menschen schnell wiederverkörpern.

Eine zum Teil astrale Geschichte, die zwei Mitglieder des Bardonkreises des Bundes erlebten, und wofür ich mich verbürgen würde, lautet folgendermaßen:

Da wir Ärger mit einigen Schlägertypen hatten, gingen zwei meiner Freunde mit einem Elektroschocker zur Sicherheit abends spazieren. Sie unterhielten sich und sahen plötzlich zwei Menschen auf sich zukommen, die nicht auswichen. Sie gingen geradewegs auf sie zu. Da es dunkel war, erkannten sie sie nicht und zückten aus Gründen der Angst das Schockgerät. Als sie sich auf drei Meter näherten, waren sie plötzlich wie vom Erdboden verschwunden. Sie waren nicht mehr da. Voller Panik rannten sie zu Anion, der gleich darauf aus seiner Wohnung kam und sich die Sache vor Ort ansah. Das Eigenartige war, dass der Elektroschocker nicht mehr funktionierte. Laut Anion war das Erlebnis darauf zurückzuführen, dass das Astralmenschen waren, dessen elektromagnetische Schwingung sich auf unsere Ebene verdreht hatte. Das fiel den beiden diskutierenden Toten auf und sie waren wieder in ihrer richtigen Welt.

Anmerkung meines Freundes: Das war echt unheimlich. Die Menschen sahen aus wie fließende Schatten, und sie hatten sich regelrecht erschrocken, als sie uns sahen.

Warum wirken die astral Lebenden oder die toten Menschen nicht direkt auf die irdische Ebene ein? Weil die Ebenen untereinander verdreht sind. Zum besseren Verständnis soll man das Bild der 3. Tarotkarte von Franz Bardon betrachten, wo aus mentalen Feuer astrales Wasser gebildet wird. Paul Sédir bestätigt dies in seinem Buch „Les Incantations – Die Beschwörungen".

Als ich mich mit Anion über die Astralebene unterhielt, erklärte er mir, dass der dümmste Astralmensch klüger sei als der intelligenteste Erdenmensch. Der Verstorbene kennt zumindest die seelischen Gesetze seiner Ebene. Der irdische Professor kennt nur Vergängliches, das er drüben nicht verwerten kann.

Eine wahre Geschichte, erzählt von Sadhu Sundar Singh, lautet: *„Die Seele eines deutschen Philosophen kam in die Welt der Geister und sah von Weitem die unvergleichliche Herrlichkeit der geistigen Welt und die grenzenlose Glückseligkeit ihrer Bewohner. Er war entzückt von dem, was er sah, aber sein hartnäckiger Intellektualismus versperrte ihm den Weg, so dass er nicht imstande war, in sie einzugehen und an ihrer Freude teilzuhaben. Anstatt zuzugeben, dass sie wirklich war, argumentierte er bei sich also: Es besteht gar kein Zweifel, dass ich das alles sehe, aber was für einen Beweis gibt es dafür, dass dies objektive Realität besitzt und nicht eine von meinem Geist hervorgebrachte Täuschung ist? Ich will die Beweise der Logik, der Philosophie, der Naturwissenschaft an all diese Dinge von Anfang bis zu Ende anlegen, und dann erst werde ich überzeugt sein, dass sie eine ihnen eigene Wirklichkeit haben und keine Einbildung sind.*

Da antworteten ihm die Engel: `Aus deiner Rede geht hervor, dass dein Intellektualismus dein ganzes Wesen verkehrt hat; denn so wie geistige, nicht leibliche Augen nötig sind, um die geistige Welt wahrzunehmen, so ist geistiges Verstehen nötig, um ihre Wirklichkeit zu begreifen, aber nicht eine Verstandesübung mit den Elementen der Logik und Philosophie. Deine Wissenschaft die mit materiellen Tatsachen zu tun hat, hast du mitsamt dem leiblichen Schädel und Gehirn hinter dir in der Welt gelassen. Hier hilft dir nur jene geistige Weisheit, die aus der Furcht Gottes und aus der Liebe zu Ihm hervorgeht.´

Darauf sagte ein Engel zu einem andern: `Wie traurig ist es, dass die Menschen das köstliche Wort unseres Herrn vergessen: Es sei denn, dass ihr umkehrt und werdet wie die Kinder, so werdet ihr nicht ins Himmelreich kommen!´

Ich fragte einen Engel nach dem Ende dieses Mannes, und er antwortete: `Wenn das Leben dieses Menschen ganz und gar schlecht gewesen wäre, dann wäre er sogleich zu den Geistern der Finsternis gekommen; aber er ist nicht ohne sittliches Empfinden, so wird er sehr lange in dem Dämmerlicht der unteren Regionen des Zwischenreiches blind umherwandern und fortfahren, sich seinen Philosophenschädel einzurennen, bis er, seiner Torheit müde, Reue empfindet. Dann wird er bereit sein, die nötigen Belehrungen von den dazu bestellten Engeln zu empfangen – und nach dieser Belehrung wird er befähigt sein, in das volle

Licht Gottes in den höheren Sphären einzugehen.'
In einem gewissen Sinne ist der ganze unendliche Raum – insofern er erfüllt ist von der Gegenwart Gottes, der Geist ist – eine geistige Welt. In einem anderen Sinne ist auch diese Welt eine Geisteswelt, denn ihre Bewohner sind Geister, umkleidet mit menschlichen Leibern. Aber es gibt noch eine andere Welt der Geister, die der zeitweilige Wohnort der Geister ist, nachdem sie den Leib beim Tode verlassen haben. Das ist ein Zwischenzustand – ein Zustand zwischen Herrlichkeit und dem Licht des höchsten Himmels und der Dunkelheit und Finsternis der untersten Höllen. In diesem Zustand gibt es unzählige Daseinsstufen. Die Seele wird auf diejenige Stufe geführt, für welche sie nach ihrem Fortschritt in der Welt am besten geeignet ist. Engel, die für diese Aufgabe besonders bestimmt sind, belehren sie hier für eine Zeit, die lang oder kurz sein kann, ehe die Seele sich aufmacht, um sich denjenigen Geistern zuzugesellen, welche – es seien nun gute Geister im helleren Licht oder böse Geister in der tieferen Finsternis – ihr in Natur und Wesen gleich sind."

Wenn man gestorben ist, sieht man seine Verwandten oder Freunde im Jenseits augenblicklich wieder, so als ob die Trennung erst gestern geschehen sei. Unsere Verwandten und Lieben, zuweilen auch die Heiligen, kommen oft aus der unsichtbaren Welt, um uns zu helfen und zu beschützen. Die Engel tun das beständig. Dennoch ist es ihnen nie erlaubt, sich uns sichtbar zu machen, außer in wenigen Fällen, in Zeiten ganz besonderer Not. Denn der Mensch darf seine Selbstständigkeit nicht verlieren! Auf Wegen, die wir nicht erkennen können, geben sie uns heilige Gedanken ein, neigen unser Herz zu Gott und zu einem guten Leben, und Gottes Geist, der in uns wohnt, führt das Werk der Vervollkommnung unseres geistigen Lebens, das sie nicht vollenden konnten, zu Ende.

Ist man als alter Mensch gestorben, so bekommt man drüben nicht keinen gebrechlichen Körper, sondern den der mittleren Reife, der schön und jung ist.

Die Geburt:

Da der Tod die Wiedergeburt im Astralen ist, will ich kurz darauf eingehen. Wenn man seelisch den zweiten Tod in der Astralebene stirbt, d. h., die

Mentalschnur reißt, wird die Verbindung zum Astralkörper sofort unterbrochen, man verliert dadurch das Bewusstsein, da der Geist nicht an die raum- und zeitlose Mentalebene gewöhnt ist. Nach dem Reißen geht sein Geist in diese Sphäre ein. Der Mensch kennt ja diesen Zustand nicht und wird ohnmächtig. Er inkarniert sich wieder und sein wahres Bewusstsein erlangt er dann nach seiner Pubertät, mit ungefähr 18 Jahren. Ein Magier, ein ausgeglichener Mensch hingegen, inkarniert sich anders. F. B. Marby, der Runenmagier, beschreibt dies in seiner Zeitschrift „Forschung und Erfahrung" auf Seite 1638:

„Ich selbst habe die Zeit zwischen meinem letzten Erdenleben und dem jetzigen Erdenleben etwas gestreckt. Ich hatte kein Verlangen nach einem weiteren Erdenleben. Ich war in einer solch wunderbaren Gemeinschaft gleich gesinnter Menschengeister, wie es sie auf der Erde nicht gibt. Ein jeder hatte seine Aufgabe. Ich heilte Kranke (von der Astralebene aus). Mit einem etwas daumenstarken Schlauch, der bei dem Kranken (auf der Erde) in der Nabelgegend mündete, hatte ich eine feinkörperliche Verbindung mit dem Kranken. Mitten in meiner Arbeit wurde ich dann damals plötzlich gerufen. Ich sah mich dann den drei hohen Geistern gegenüber, mit denen ich später in meinem Erdenleben noch drei Mal oder vier Mal zusammen kam.

Diese drei hohen Geister eröffneten mir, dass ich wieder auf die Erde runter müsste. Dagegen wehrte ich mich. Darauf wurde mir offenbart, dass ich eine Hilfe durch einen anderen Geist (Magier) haben werde. Mit diesem hatte ich in diesem Augenblick volle Verbindung. Ich habe gleich wieder abgelehnt, indem ich sagte: Das sei ein viel zu junger Geist, der mir alten Geist nichts nutzen könne. – Ich würde aber viel lernen, wurde mir daraufhin geantwortet. Und dann war es so, als wenn sich eine Hand auf meinen Kopf legte und mich in immer dichter werdende Luftschichten hinab drückte.

Mein Geburts-Uranus auf der Geburts-Sonne meiner Mutter (die Mutter vertritt die Erde) und dreifache Konjunktionen mit drei Planeten meines Vaters (der Vater vertritt den Himmel) können auch darauf hinweisen, dass die Wiedergeburt vom Himmel aus eingeleitet wurde. Ich mache deshalb meine Angaben nicht hier, um mich irgendwie wichtig zu machen, sondern um den Forschern in unserem Kreise Material und Winke in die Hand zu geben."

Da wir oben kurz die Geburt angeschnitten haben, bleiben wir dabei.

Hellseher haben beobachtet, dass das befruchtete Ei die gesamte Erdentwicklung durchmacht, von der Pflanze, die Keimblätter hervorbringt zum Tier, das die Herztätigkeit in Gang setzt. Vom Wurm zum Insekt, vom Säugetier zum Menschen. Während der Schwangerschaft bildet das Blut der Mutter den Astralleib. Nach Durchtrennung der Nabelschnur und beim ersten Atemzug fährt der Geist in das Neugeborene aus der Mentalebene ein, dessen Astralkörper den zweiten Tod erfahren hat. Dieser Geist ist ohnmächtig, unbewusst schlafend, weil er den Zustand der Raum- und Zeitlosigkeit in der Mentalebene nicht ertragen kann. Die irdische Geburt erfolgt durch den Geburtskanal, die Vagina, welche gleichzusetzen ist mit dem Tunnel, durch den der Verstorbene auf die andere Seite kommt.

Das Astralreisen:

Beim Astralreisen, von Franz Bardon der künstliche Tod genannt, existieren einige wesentliche Merkmale und Gesetze. Anion hat in seinem Buch „Aus der Praxis für die Praxis – Die Erweiterung zum Adepten" geschrieben, dass viele den irrigen Glauben verfallen sind, sie seien in der Astralwelt mit den höchsten Gottheiten in Kontakt, bereisen sämtliche Sphären und bekommen Aufschluss über alle Geheimnisse. In Wahrheit belügen sich diese Möchtegern-Magier selbst und wissen nicht einmal, dass man keine irdischen Dinge mehr wahrnimmt, wenn man ausgetreten ist. Man sieht nur noch astral oder mental. Dies bestätigt der Okkultist C. W. Leadbeater und auch der gefallene „Golden Dawn"-Magier Aleister Crowley. Er und sein Meister – MacGregor Mathers – erwähnen die einzigen wahren Berichte über die Astralebene, wie sie später ausführlich geschildert werden.
Der bekannte Mystiker Karl Weinfurter, der zu Beginn des 20sten Jahrhunderts alle ihm zugänglichen Schriften las, sagt selbst in seinem Buch „Der brennende Busch" (S. 54-55), dass er Erfahrung mit verschiedenen okkulten Systemen, Übungen, Kasteiungen und Askeseformen in Bezug auf das Astralreisen hat und schreibt darüber:
„Niemand wird mir also einzureden vermögen, dass dadurch etwas erzielt werden könne – außer unter ganz anderen Umständen und in ganz anderem Milieu als hier bei uns im Abendlande. Nach solchen Erfahrungen

kann ich nicht umhin, etwas von oben herab auf gewisse sogenannte Okkultisten zu blicken, welche sich da rühmen, ein asketisches Leben zu führen, dadurch hellsehend geworden zu sein, ja sogar die Fähigkeit erlangt zu haben, sich bewusst auf der Astralebene zu bewegen, und welche sich nicht entblöden, ihren Anhängern im engeren Kreise Übungen vorzuschreiben."

„Außerdem besitze ich ein untrügliches Erkennungszeichen, nach welchem jeder von andern erkunden kann, ob er die Wahrheit spricht, wenn er vorgibt, bewusst auf dem Astralplan zu verkehren. Es genügen drei einfache Fragen, deren Beantwortung nur demjenigen möglich ist, der bewusst im Astralreich verkehrt. Eine weitere Tatsache ist, dass jeder, der sich bewusst zur Astralebene zu erheben vermag, jedermann nach seinem Belieben erscheinen kann, ja noch mehr, jeder im Astralreich Bewusste ist ein wahrhafter Magier und kann willkürlich sichtbare und hörbare materielle oder physikalische Erscheinungen hervorrufen. Kurz, er vermag etwa so auf den Stoff einzuwirken, wie dies in Gegenwart eines physikalischen Mediums geschieht. Außerdem ist er befähigt, noch eine Reihe anderer, viel wichtigere Dinge zu vollbringen. Deshalb kann man sich leicht von der Wahrheit der Behauptung, jemand trete bewusst aus seinem stofflichen Körper ins Astralreich, überzeugen. Hier gelten keine Ausreden und Ausflüchte, dass er „dies oder jenes nicht ausführen dürfe oder könne". Ich besitze Beweise dafür, dass jeder auf unserer Erde lebende Mensch dies kann und darf. Hauptsächlich aber, wenn es sich darum handelt, eine zweite Person von der Wahrheit seiner Worte zu überzeugen. Ich verweise da bloß auf Frau Helena Blavatsky und ihre okkulten Phänomene. Sie war nie in Verlegenheit, ihre Kräfte auch vor den größten Skeptikern zu beweisen."

Wer dem hier Geschriebenen keinen Glauben schenken kann, soll das entsprechende Kapitel im „Adepten" nachlesen. Dort steht all dies ausführlich beschrieben.

Wilhelm Quintscher beschreibt einen Austritt, der durch einen Blitzschlag im Jahre 1912 herbeigeführt wurde. Er stand plötzlich außerhalb seines Körpers, sah, dass es ihn zweimal gab, und hatte die Gewissheit, dass man sein Gewand bedingt verlassen kann. Er war darüber sehr erstaunt und blickte nach oben. Dort sah er Wesen in den Wolken, welche sich stritten und dadurch das Unwetter hervorriefen. Das Sehen der Sylphen führe ich entweder auf den Blitz zurück – Feuerelement –, auf die Verschiebung

durch den Schock oder auf seine vergangene Entwicklung. Diese Erkenntnis machte ihn neugierig und er versuchte auf allen erdenklichen Wegen nochmals einen Austritt zu erzielen. Zu Beginn nahm er Drogen, Cannabis Indica oder Haschisch, Peyotl, Soma und Jaje waren wirkungslos. Trotz hoher Dosis ließ die Wirkung auf sich warten. Erst bei täglichem und längerem Gebrauch zeigte sich dennoch Erfolg. Doch im Astralen wurde ihm anfänglich von Quälgeistern die Haut abgezogen, welches große Schmerzen bereitete. Dieses Erlebnis wurde durch die Drogen hervorgerufen. Dann sah er wieder Ungeheuer, die ihm Angst und Schrecken einjagten. Ein kleiner Willensakt genügte, und sie waren weg. Später drang er tiefer in die astralen Gesetze ein. Er sagt auch, dass die astralen Menschen die wahren Menschen wären. Er begab sich dann in höhere Reiche und schloss Freundschaft mit dem Untergebenen von Aschmunadai – Asamark, dem Wächter des Pni. Mit ihm übersetzte er die alten astralen Schriften von Hermes Trismegistos ins Deutsche, jedoch leider sehr fehlerhaft durch seine Rauschzustände. Nach Quintscher gibt es eine sogenannte Nebelmauer, die das Sichtbare vom Unsichtbaren trennt. Quintscher und andere Möchtegern-Magier behaupten, dass keine Wanderung im Astralen bei vollem Bewusstsein ausgeübt werden kann. Wie, frage ich mich, kann man halbbewusst dann irgendetwas erreichen oder durchführen. Das schafft man nicht einmal im Irdischen.
Eine weitere Aussage, die nicht nur Rah-Omir machte, sondern viele andere Okkultisten und Unerfahrene auch, ist, dass viele behaupten, man kann beim Astralaustritt den Körper ruhig ohne Schaden berühren oder es gäbe keine allseits bekannte Silberschnur. Dass das zum Tode führt, beschreibt Franz Bardon richtig in der 9. Stufe seines „Adepten". Einige Esoteriker meinen sogar, sie wachen bei Berührung bloß auf.
Aussagen, dass es nur oder meistens spontane Austritte gibt, sind irrig und zugleich falsch. Denn entweder wissen es die Autoren nicht besser, was sie zu bloßen Nachäffern der verfälschten Literatur stempelt, oder sie lügen. Des Weiteren werden immer wieder die Körper verwechselt, was man auch ihrer Unerfahrenheit zusprechen kann.
Hingegen bestätigen mehrere ehrliche Okkultisten, dass zum Astralreisen die Beherrschung der 4 Elemente und der Fluide unbedingt notwendig ist. Karl Brandler-Pracht schreibt dies im „Lehrbuch zur Entwicklung der okkulten Kräfte" und Gregorius in seiner Schrift „Spaltungsmagie". Selbst Plato und Pythagoras sagen, dass die Seele aus den vier Elementen besteht

und da alle drei Körper mit den Welten in einem analogen Zusammenhang stehen, ist es erklärlich, warum zum Astralreisen die Beherrschung der Elemente oberste Pflicht ist, wie es Franz Bardon von seinen Schülern im „Adepten" verlangt.

Sogenannte „ex-somatische" Vorgänge waren dem Menschen in der Antike bekannt, wie die nächste Textstelle belegt: Die Geschichte von Hermotimos, einem Manne aus Klazomenai in Ionien, besagt, dass dessen Seele die Fähigkeit besaß, bei Tag und Nacht sich gänzlich vom Körper zu lösen und frei in den fernsten Regionen umherzuschweifen. Der Körper lag während dieser Zeit wie tot in seinem Hause, bis der Astralkörper zurückkehrte. Hermotimos erhob sich, um seinen staunenden Mitbürgern von den Wundern zu erzählen, die er erlebt hatte. Zuerst wusste nur seine Frau von der geheimen Fähigkeit. Einmal aber verriet sie ihn. Seine Feinde drangen in sein Haus ein, als er gerade ausgetreten war, nahmen seinen Körper und verbrannten ihn. Da konnte sein Astralkörper nicht mehr zurückkehren.

Wir Hermetiker in Innsbruck praktizierten alle uns in Büchern zugänglichen Methoden des Astralaustritts, doch keine Übung zeigte ein positives Ergebnis. Selbst die Drogen(=Kräuter)-Versuche in H. E. Douvals 12-bändigem Werk „Bücher der praktischen Magie", erzielten nicht den gewünschten Erfolg. Auch die Atem-Übungen Rah-Omir Quintschers wurden angewandt, doch mit keinem positiven Ergebnis. Wahrscheinlich aus dem Grunde, weil wir – wie er es tat – kein Opium zu uns nahmen.

Auch die Mitglieder der Loge Fraternitas Saturni nehmen genauso wie Quintscher für ihre Astralwanderungen Drogen. Darauf wird immer wieder in ihren Schriften hingewiesen wie in der „Magia Metachemica", „Spiegel-Magie" oder in einzelnen Aufsätzen der „Blätter für angewandte okkulte Lebenskunst". Interessant für den Hermetiker ist, dass die Fraters des Ordens sich gegenseitig astral besuchten. Frater Orpheus berichtet in einem Brief, dass Bruder Johannes vor seinem Bett stand, aber nicht näher an ihn rankam, da er einen geladenen Dolch als Schutz unter dem Bett liegen hatte.

In dem Briefverkehr zwischen Fra. Daniel und Bruder Orpheus schildern sie, dass Frater Saturnus, ein Mitglied der Fraternitas Saturni, von einem Ort im Jenseits, wo sich Logenmitglieder trafen, berichtete. Selbiger Frater schickte eine Schar Sumpfdämonen einem anderen Mitglied, weil er für ihn als Verräter von Logengeheimnissen galt. Er erschien ihm astralisch und

zog imaginativ des Feindes Mentalkörper heraus. Der Schock, der den Verräter traf, war gewaltig.
Die Geschichten, Märchen und Legenden von Kämpfen mit Drachen, Monstern und Ungeheuern – man vergleiche die Sage des Germanen Siegfried – sind astrale Kämpfe. Auch wenn der Magier immer als Sieger hervorgeht, so muss er dafür auch immer bluten. Siegfried fiel ein Blatt auf die Schulter, wo das Blut des Dämons nicht hinkam und ihn nicht unverwundbar machen konnte. Dies verhalf dem dunklen Könner von Hagen zum Sieg über Siegfried.
Nach den Biografien Kyriacos Markides über Daskalos soll er in Zypern angeblich mit Kindern Astralreisen getätigt haben. Das konnte ich mir schwer vorstellen und musste deswegen Anion fragen.
„Das stimmt zwar, dass man mit Kindern leicht austreten kann, aber ich bezweifle, dass er das machte, denn die Gefahr ist gegeben, dass die Kleinen dann verrückt werden."
„Können Kinder denn so leicht austreten?"
„Ja, weil ihre Bindung an den Körper noch nicht so stark ist. Sie leben zum Teil in der Astralwelt, denn wenn man ihnen von Feen oder Gnomen erzählt, dann nehmen sie das für bare Münze. Das ist auch bei Märchen der Fall."
„Stimmt das auch, dass Daskalos mit seinen Schülern auf Reisen ging?"
„Das kann man, aber nur mit fortgeschritteneren Schülern. Ich mache das auch mit meiner Frau Ariane, weil sie selbst mehr als die erste Tarotkarte beherrscht."
Pegasus, das griechische geflügelte Pferd, ist nicht nur eine freie Dichtung, sondern existiert tatsächlich. Am besten kommt das im Film über die griechischen Sagen „Kampf der Titanen" zur Geltung, wo gezeigt wird, dass man mit ihm als Träger und Bringer durch die Astralsphären reisen kann.
Aleister Crowley war seltsamerweise einer der Wenigen, der einen wahren Austritt beschrieben hat. Er konnte das deswgen, weil er im Orden des „Golden Dawn" einen richtigen Meister hatte, der ihm die Wahrheit darüber lehrte – nämlich Mathers. Er führte auch eine Methode des Mentalwanderns namens „Lichtkörper-Technik" in den Orden ein, die sich mit der im „Adepten" von Franz Bardon deckt. Kurz zur Erinnerung (Das magische System des Golden Dawn Band II, Seite 109):

1. *Der Studierende ruhe in einer der vorgeschriebenen Positionen*

(Stellung!), nachdem er gebadet und sich mit gebührendem Anstand eine Robe angetan hat. Der Ort sei frei von allen Störungen. Die voraufgehenden Reinigungen, Bannungen und Anrufungen (Runen) seien pflichtgemäß durchgeführt. Schließlich entzünde er den Weihrauch.
2. *Er imaginiere dann seine eigene Gestalt (am besten in der angemessenen magischen Kleidung und mit den entsprechenden magischen Waffen ausgerüstet), die seinen physischen Körper einhüllt und nahe bei ihm, vor ihm steht.*
3. *Dann verlege er den Sitz seines Bewusstseins in die imaginierte Gestalt, so dass es ihm erscheint, als sähe er mit ihren Augen und höre mit ihren Ohren. Gewöhnlich stellt dieser Schritt die Hauptschwierigkeit der Operation dar.*
4. *Dann veranlasse er die imaginierte Gestalt, sich weit über die Erde in die Luft zu erheben.*
5. *Er halte sodann ein und schaue sich um. (Manchmal fällt es schwer, die Augen zu öffnen.)*
6. *Er wird wahrscheinlich Figuren wahrnehmen, die sich ihm nähern, oder er wird die Landschaft bemerken. Er spreche zu diesen Figuren und bestehe auf einer Antwort, wobei er die entsprechenden Pentagramme und Zeichen benutze, wie zuvor gelehrt.*
7. *Er reise nach Belieben, mit oder ohne Führung (Schutzgeist) durch eine oder mehrere der Figuren.*
8. *Weiterhin setze er bestimmte Anrufungen ein, die diejenigen Orte erscheinen lassen, die er zu besuchen wünscht.*
9. *Er hüte sich vor den zahllosen feinen Angriffen und Täuschungen, die er erleben wird, indem er die Echtheit aller, mit denen er redet, sorgfältig prüft.*

Leider ist A. Crowley das typische Beispiel eines gefallenen Magiers, wovor Franz Bardon in seinen Werken immer wieder warnt. Aber nun zu dem frühen Bericht des *To Mega Therion*. Er erläutert das Sehen von geistigen Dingen im Vergleich mit einem Blinden, der sein Augenlicht wiedergefunden hat, es aber den anderen Blinden nicht beschreiben kann. Denn wie kann man die Farbe rot beschreiben. Man muss sie sehen. Crowleys Stil ist ein bisschen theatralisch, und ich kann mich nicht für die reine Wahrheit seiner Berichte verbürgen, aber zu einem großen

Prozentsatz entsprechen sie der mentalen Realität. Ich habe Crowleys Bericht wie folgt zusammengefasst:

Nachdem ich die Vorbereitungen und Schutzmaßnahmen getroffen hatte, befand ich mich auf einer Straße, wo sich ein kleines Mädchen aufhielt. Es winkte mir, ich folgte ihr in ein altes Haus, wo ich über eine Treppe hoch in ein Studentenzimmer ging. In dem Raum befand sich ein kleiner alter Mann und fragte mich nach meinem Begehr. Ich antwortete, dass ich ein gewisses Formulae suche. Er öffnete ein Buch und zeigte mir ein Sigill. Nachdem ich es mir merkte, erklärte er mir seine Anwendung. Man soll es verwenden, um Dinge der Erde zu rufen. Ich dankte ihm und er zeigte mir ein Loch im Dach, das auf einen weit entfernten Stern verwies und sagte: „Reise dorthin." Dies tat ich. In Sekundenschnelle war ich dort. Ich befand mich am Ufer eines Sees. Ich sah einen Mann, den ich ansprach. Er antwortete: „Ich habe einen Stern auf der Stirn", was ich aber nicht verstand. Als wir den See überquerten, stand am anderen Ufer eine menschliche Gestalt, die mit ehernen Schuppen bedeckt war, gehörnt und schrecklich. Seine Farbe glich dem Grünspan, aber sein Gesicht war schwarz. In der Hand hielt er eine Keule.

„Wie ist dein Name?", fragte ich.

„Jokam", war die Antwort.

„Dein Zeichen?"

Ich nahm die Gottesverbundenheit an und obwohl es ihm missfiel, musste er es mir geben.

Als ich mich wieder dem See näherte, kamen Vögel und brachten mich zurück zur Dachkammer. Ich fragte den Adepten nach einer geplanten Evokation, aber er sagte nur: „Geh weiter."

„Werde ich Erfolg haben?"

„Das kann keiner sagen."

„Ist irgendetwas für den Erfolg Notwendiges in dem Buch?"

„Nein", war seine Antwort und ich verließ ihn.

*

Eine andere „Geistvision" ging folgendermaßen vor sich: *„Langsam wurde der Tempel erbaut. Ein weißer schimmernder Film floss über den Boden, auf dem ich stand. Daraus wurde eine sich windende Säule, die mich durch das Dach in die Höhe emporhob. Als die mich umgebenden Wolken sich auflösten, stand ich auf hellgrünen Feld und neben mir stand eine silberne Gestalt.*

„Willkommen", ertönte es kühl von ihm.
Er führte mich in ein strahlendes Becken, das von Millionen von funkelnden Saphiren, die im Licht tanzten, glänzte. Das Wasser war erfrischend und belebend in einem nicht gekannten Maße. Nach dem Bad ging ich dann auf einen Palast zu, der silbern strahlte, wurde von einer großen Wasserwolke davon getragen und befand mich vor einem silbergrauen Marmortempel. Ich nahm Demut an und trat ein. Alles war fein und weiß, und vor mir stand ein Altar aus purem Silber. Kniend stieg ein grüner Engel mit grünem Gewand zu mir herab und gab mir etwas. Daraus wurde eine Krone aus Feuer.
Etwas später nahm mich eine Rauchsäule mit und ich kehrte zur Außenseite des Tempels zurück. Als sich die goldene Krone auf meinem Kopf befand, hielt ich sie hoch. Dann kam ein Engel und presste sie mir auf die Stirn. Ein Gefühl des goldenen Schauerns überfiel mich. Danach kehrte ich zum zentralen Altar zurück, alles ablegend, mein Schwert, was ich zur Beherrschung der astralen Wesen brauchte. So war ich zurück in der materiellen Welt."

Der Adept sieht in solchen mentalen Visionen ein großes Königreich eines Vorstehers, hinter alldem sich für den Betrachter ungewöhnliche Gesetze und Ordnung verbirgt. Der schnelle Wechsel zwischen unterschiedlichen Bildern, Orten und Begebenheiten entspricht dem Wunsch des Magiers, auf eine Frage eine Antwort zu erhalten. So ähnlich durfte ich selbst mit Anion eine Reise ins Mentalreich erleben, welche in meiner Biografie „Auf der Suche nach Meister Arion" beschrieben steht.

Der Ordensgründer Mathers beschreibt ebenfalls wunderbare Mentalreisen, die ich nicht unerwähnt lassen will. Ich zitiere aus Israel Regardie – „Das magische System des Golden Dawn" – Seite 312 gekürzt. Zuerst „Das Reisen in der geistigen Schau" und dessen Anleitung zum Übertritt in das jenseitige Reich:

„Wenn das Symbol, der Ort, die Richtung oder Ebene bekannt sind, worauf sich die Handlung richtet, wird wie zuvor ein Gedankenstrahl in den entsprechenden Teil der Sphäre ausgesendet. Dieser Gedankenstrahl wird wie ein Pfeil von einem Bogen durch die Begrenzung dieser Sphäre hindurch direkt zum erwünschten Ort gesendet. Dort angekommen, wird eine Kugel aus astralem Licht gebildet. Dies geschieht durch die Vermittlung des Willens, der vom Höheren erleuchtet ist und über das spirituelle Bewusstsein durch Reflexion entlang des Gedankenstrahls wirkt.

Diese Kugel aus astralem Licht wird zum Teil aus der umgebenden Atmosphäre genommen. Wenn diese Kugel geformt ist, wird ein Abbild der Person des Sehers entlang des Gedankenstrahls projiziert, und das vereinte Bewusstsein wird dann in dieses hineinverlegt. Durch die Reflexion wird diese Sphäre zu einem Duplikat der Gefühlssphäre. Wie es gesagt ist: „Glaube, dass du an einem Ort seiest, und du bist dort."

*

Nun die viel interessantere Astralprojektionen (S.321) eines wahren Magiers: *„Folge zunächst den Regeln für das Hellsehen, bis das Tattwa-Symbol vollständig lebhaft ist und du dich fühlst, als wärest du mit dem Element eins. Du kannst die vorigen Stadien der Arbeit abändern, indem du das Symbol astral vergrößerst, so dass es groß genug ist, um einen Menschen hindurchzulassen. Wenn es ganz belebt ist, aber nicht vorher, gehe, springe oder fliege hindurch, und fange nicht an, nachzudenken oder zu überlegen, bis du dich auf der anderen Seite an einem Ort oder in einer Landschaft befindest. Prüfe die Erfahrung wie zuvor erst, wenn sie zu einem spürbaren und vollständigen Bild geworden ist. Wenn du deinen Geist soweit wie möglich leer gemacht hast, sollte die erste Idee, die lebhaft in dir auftaucht, nachdem du das Symbol durchschritten hast, eine genaue Entsprechung zu dem betreffenden Tattwa darstellen. Nachdem ich durch das Hellsehen bereits die Vision eines zusammengesetzten Tattwas erreicht habe, finde ich mich auf einem Felsblock über dem Meer stehend wieder, der mir als ein wichtiger Punkt aufgefallen war. Ich erkenne, dass ich mit meinen Insignien des Adeptus Minor und weißer Robe dort auf dem Fels stehe und aufs Meer schaue. Wenn ich nach rechts sehe, fällt mir die Kette der Klippen auf; links und hinter mir ist überall das Meer. Wenn man mit den anderen Ebenen arbeitet, ist es gut, genauso zu verfahren wie normal, indem man auf jeden einzelnen Schritt achtet, während man geht und nicht versucht, gleichzeitig nach beiden Seiten zu sehen oder durch den Hinterkopf. Stattdessen drehe dich zuerst nach rechts und schaue dort, dann nach links, dann drehe dich um und so weiter. Es ist besser, zunächst an einem Ort zu bleiben, bis man erfahren genug ist, etwa Reflexe zu vermeiden. Je praktischer die Erfahrungen sind, umso größer ist tatsächlich die Erfolgsmöglichkeit.*
Ich habe den Eindruck, dass die Luft sehr kalt ist. Ich bücke mich, um den Felsen zu fühlen, und stelle fest, dass er aus Korallen besteht.
Ich habe zwar die Vision schon in der Hellsicht getestet, aber es ist besser,

das zu wiederholen, damit ich sicher bin, in genügendem Kontakt mit der Landschaft zu sein. Ich ziehe deshalb mit meinem astralen Lotusstab die zuvor bereits invozierten Symbole TAU und CAPH in weißem Licht. Ich höre auch nicht auf, sie zu ziehen, bis ich sie ebenso klar wahrnehmen kann wie die Landschaft. In der Folge wird die Szene weder verschwommen, noch verschwindet sie, so dass ich nun mit meinem astralen Kelch und Pentakel sehr große Wasser- und Erdpentagramme ziehe, die auf dem Meer stehen. Mehr noch als die vorigen Symbole sollen diese fortgeführt und betont werden, bis sie für den Geist zu lebenden Wesen werden.

Werden diese korrekt gezogen und hinreichend verwirklicht, so besteht für den Rest der Erfahrung nur ein geringes Täuschungsrisiko. Es scheint die Vitalität der Szene zu erhöhen, wenn ich die Pentagramme ziehe, als stünden sie auf dem Meer, denn die kaum fassbaren Elementarwesen und Engel, die ich in dem reflektierten Bild wahrgenommen hatte, werden dem Geist immer wirklicher. Wenn ich gleich mit der Astralprojektion begonnen hätte, ohne sie durch die hellsichtige Erfahrung einzuleiten, dann hätte ich diese Figuren jetzt evozieren müssen. In diesem Falle müsste ich unter Verwendung der invozierenden Wasserpentagramme fortfahren, die Gottesnamen dieser Elemente und so weiter zu vibrieren (raunen) sowie die Namen ihrer Engel und Herrscher, wie Tharsis, Cherub und so weiter. Ich hätte den Vorgang unter Verwendung der Namen und Symbole weitergeführt, bis Gestalten erschienen wären. Nach sorgfältiger Untersuchung, indem ich einen Eindruck zunächst empfing und dann prüfte, kann ich folgendes beschreiben. Das Engelwesen, von weiblicher Natur, blass mit braunem Haar und lichten, grau-grünen Augen, ist in Blau und Weiß gekleidet. Es trägt eine aus Mondsicheln gebildete Krone. In der linken Hand hält es einen merkwürdigen Kelch, der schwer ist und eine quadratische Basis hat. In der Rechten hat es einen Stab mit einem Symbol, ähnlich dem positiven Wasserelement. Die Elementarwesen sind von unterschiedlichem Typus, die Mehrheit von der Art der Nixen und Nöcke, andere wiederum sind vom Wesen der Luft und der Erde. Ich wende mich dem Engelwesen zu und mache das Zeichen des $5 = 6$ und LVX, den Elementaren gegenüber die Zeichen von $3 = 8$ und $1 = 10$. Mit diesem Recht frage ich nach Erklärungen einiger geheimer Arbeiten auf der Ebene des Tattwas. Der Engel scheint bereit zu sein, mich zu unterweisen, nachdem er meine Zeichen durch ähnliche erwidert hat. Die Unterweisung *kann in Form eindringender Gedanken stattfinden oder hellhörig. Er zeigt mir, wie verschiedenartig die Arbeiten sogar an diesem speziellen Ort sind und wie sie den verschiedenen Arten der Elementare zugeteilt sind. Manche Elementare, wie die Gnome, graben mit scharfen Instrumenten Löcher in die Klippen und erlauben dem Wasser freien Zutritt. (Das könnte die eher schwammige als gebrochene Struktur der Felsen erklären.) Die Nixen und Nöcke, die wohl in der Mehrzahl sind, tragen Staub ins Meer. Ein Teil davon mag später Inseln bilden. Andere bringen Erde, Kraut und ähnliches aus den Tiefen, wohl auch, um Land zu bilden. Es gibt auch Figuren, die trichterähnliche Kelche halten. Sie erheben sich aus dem Meer, ziehen die Gefäße durch die Luft und tragen das Element wieder ins Wasser. Man kann verstehen, dass man diese Untersuchungen bis in die Einzelheiten treiben kann.*

Um es aber so kurz wie möglich zu machen, bitte ich darum, dass mir die Wirkung des Strahls dieses Tattwas auf das Universum im Allgemeinen und auf diesen Planeten im Besonderen gezeigt wird. Ich verstehe es so, dass die Wirkung des Strahls in allgemeiner Erzeugung und Hervorbringung von Frucht liegt. Insgesamt ist sie wohltuend, hängt aber ganz von der Macht ab, mit der sie verbunden wird. Die Entsprechung wäre dichtes, reiches Wasser, welches solcherlei Substanzen enthält. Ich frage dann nach der Wirkung auf die Erde. Die Antwort erreicht mich in Gedankenbildern dieses Planeten und seiner Kontinente, Meere und so weiter. Ich bitte den Engel, die Stellen nacheinander zu beleuchten. Als Antwort nehme ich wahr, wie ein Strahl direkt durch das Wasser der Erde fällt, als richte sich die Anziehung besonders auf alles Land unter Wasser. `Sein Name ist das Leben der Erde in den Wassern´, sagt der Engel. Fast alle Vegetation zieht den Strahl an, aber besonders die Wasserpflanzen. Die Blumentiere ziehen ihn nur zum Teil an, denn sie scheinen sehr stark von einem aktiveren Element wie dem Feuer bestimmt zu sein. Unter den Tieren fällt der Strahl auf die Robben und Flusspferde, und er hat eine allgemeine Affinität zu allen amphibischen Tieren. Zu den Fischen scheint die Verbindung nur schwach zu sein, eine Schildkröte, ein Frosch und eine Schnecke werden mir gezeigt und Wasservögel, die den Enten verwandt sind. Fällt der Strahl auf den Menschen, so scheint er beim Wilden der Gesundheit günstig zu sein, ihm Wohlgefühl zu vermitteln und auch in gewissem Grade die Fortpflanzung zu steuern. Die Tendenz geht dahin, Sinnlichkeit und Faulheit zu unterstützen. Beim Intellektuellen verstärkt er die Intuition,

erzeugt den Wunsch, Ideen in Formen zu kleiden und begünstigt daher die erste vage Entwicklung von Formen im Geiste des Künstlers.
Da diese Erfahrung ziemlich umfangreich geraten ist, möchte ich hier schließen, denn ich glaube, genügend Informationen gegeben zu haben, die den ernsthaften und einsatzfreudigen Studierenden anleiten können. Ich grüße darum den Engel mit dem Zeichen des LVX und die Elementare mit den 5 = 8 und 1 = 10 Zeichen und banne astral mit dem Pentagramm und anderen Symbolen, die ich auf die Szene zeichne. Je mächtiger die Symbole evoziert worden sind, umso kraftvoller sollten sie auch gebannt werden. Wenn du ein Gefühl der Müdigkeit bemerkst, wie ich schon erwähnte, dann führe gegen die Symbole das Zeichen des Eintretenden aus, und nimm ihre Kraft und Vitalität mit dem Zeichen des Harpokrates in dich auf. Kehre dann auf dem Wege zurück, auf dem du gekommen bist, das heißt durch das Symbol und zurück in deinen Raum.
Wenn du wieder dort bist, führe das große bannende Pentagrammritual durch, mit welchem du auch evoziert hast. Wenn auf dem Tattwa eine Szene zu sehen bleibt, dann banne auch diese. Bei ausreichender Übung wird wahrscheinlich so feine Sorgfalt, wie hier angezeigt, nicht notwendig sein. Sollte die Operation zu kompliziert sein, um sie in einer Sitzung auszuführen, ist es möglich, sie aufzuteilen. Du wirst jedoch feststellen, dass eine sorgfältig durchgeführte Sitzung mehr Wissen und Fertigkeiten bringt als hundert nachlässige und unklare Experimente, die bloß die geistigen Täuschungen, Torheiten und die Ignoranz verstärken.
Dieses Experiment ist sehr gut für die Übung der geistigen Schau. Auf diese Weise kannst du leicht die Richtigkeit deiner Vision nachprüfen. Bei diesem einfachen Experiment brauchst du dich auch geistig nicht derart vorzubereiten wie bei den tieferen Arbeiten, so dass du deine Karten immer bei dir haben und üben kannst, wann du willst."
„Benutze ab und zu das Pentakel, um nicht die Rolle der Erde über die Gebühr zu missachten. Wenn du die ganze Erfahrung nur auf die Astralprojektion aufbauen willst, musst du verstehen, dass du den Teil überschlägst, in welchem du das Bild auf der Karte hervorbringst und einfach durch das Symbol hindurchschreitest, wenn du es richtig wahrnimmst. Wenn du mit den richtigen Entsprechungen arbeitest, wirst du auf jeden Fall an einem dem Astralreich dazugehörigen Ort ankommen, falls dein Astralkörper hinreichend stark projiziert ist. Falls die Vision sich bei diesen wiederholten Tests sehr verändert oder schwindet, dann banne

mit dem astralen Werkzeug und kehre durch das Symbol hindurch auf dem Wege zurück, auf dem du gekommen bist."
„Ich nehme an, dass es manche Studierende schwierig finden werden, zurückzukehren. In diesem Fall kann man das allmählich tun, indem man zunächst in den Raum hinausfliegt, an diesen Planeten denkt, die Gedanken auf das betreffende Land fixiert, dann auf den bestimmten Ort darin, dann auf das Haus, schließlich auf das Zimmer, und dieses dann betritt. In den meisten Fällen wird das aber nicht notwendig sein."
„Es folgen hier zwei Tattwa-Visionen von Soror Vestigia (Moina Mathers). Sie werden als einfache Beispiele für die Technik und das zu verwendende Verfahren angeführt. Die Erste stammt aus dem feurigen Unterelement der Erde, Tejas von Prithivi. Vestigia sagte, sie befand sich, nachdem sie die visualisierten Symbole durchschritten hatte, in einer vulkanischen Gegend. Hügel und Berge, heiße Luft und Sonnenlicht. Nachdem ich ein Pentakel benutzt und die Erdnamen angerufen habe, sehe ich vor mir einen engelartigen Elementarkönig. Als ich ihn teste, gibt er mir das Grußzeichen des Neophyten und das Zeichen des Philosophus (Feuer). Er verbeugt sich tief vor den Symbolen, die ich ihm gebe, und sagt, er wolle mir einige der Arbeiten auf seiner Ebene zeigen. Er hat ein schönes Gesicht, ein wenig vom Typ des Feuers, aber im Ausdruck lieblich. Er trägt eine Goldkrone und einen feurig roten Umhang, unter dem eine gelbe Tunika zu sehen ist, über der ein Kettenhemd sitzt. In seiner Rechten trägt er einen Stab, dessen unteres Ende, der Griff, ein wenig nach dem Pentakelwerkzeug geformt ist, der Schaft und das obere Ende gleichen dem Feuerstab. In der rechten Hand (das kann ich aber nicht deutlich sehen) trägt er einen Stab des Feuers. Ich meine, dass die rechte Hand nach oben, die linke nach unten weist, und derart beide ein Symbol (Geste) darstellen, um Kräfte zu invozieren.
Kleine gnomartige Gestalten folgen diesem Ruf. Auf Kommando brechen einige die felsigen Teile des Berges mit den Spitzhacken, die sie tragen. Andere scheinen im Boden zu graben. Beim Abbrechen dieser Felsstücke fallen kleine helle Metall- oder Kupferstückchen ab. Einige der Gnome sammelten die Metallstücke und trugen sie in kleinen Taschen fort, die ihnen an einem Gehenk von der Schulter hingen. Wir folgten ihnen und gelangten zu einigen felsigen Gipfeln. Von diesen Gipfeln gingen große und wilde, aber kaum wahrnehmbare Feuer aus. Die gesammelten Metallstücke wurden in Kesseln oder Töpfen über dieses Feuer gelegt. Man

sagte mir, dies sei ein sehr langwieriger Vorgang. Aber als ich bat, das Ergebnis dessen sehen zu dürfen, was wie ein allmähliches Schmelzen des Metalls aussah, zeigte man mir einige Töpfe voll flüssigem Gold, jedoch nicht sehr reinem, wie ich annehme. Ich folgte weiter meinem Führer, dem engelhaften königlichen Elementenherrscher, der mir seinen Namen als Atapa angab.
Einige Gnome folgten uns mit einem Topf dieses flüssigen Goldes. Nachdem wir viele unterirdische Gänge durchschritten hatten, die in den Berg gehauen waren, kamen wir in eine riesige Grotte von immenser Höhe und Breite. Sie wirkte wie ein aus dem Fels gehauener Palast. Dann gingen wir durch grob behauene Gänge, bis wir eine große zentrale Halle erreichten, an deren Ende sich ein Podium befand, auf dem König und Königin saßen und um das herum der Hofstaat der Gnome stand. Die Halle erschien von Fackeln erleuchtet, und in Abständen standen grob gehauene Pfeiler. Die uns begleitenden Gnome brachten dem König und der Königin ihr Gold. Diese befahlen den Bediensteten, es in einen anderen Raum zu tragen. Ich bat den König und die Königin um weitere Erklärungen. Sie ernannten Vertreter für ihre Abwesenheit und zogen sich in eine innere Kammer zurück, die höher gelegen schien als der Rest.
Die Architektur schien dort auch anders zu sein. Diese kleine Halle hatte mehrere Seiten, jede mit einer Tür, die von einem Vorhang verdeckt war. In der Mitte der Halle befand sich ein großes dreifüßiges Gefäß mit solchem Gold, wie wir mitgebracht hatten. Der König und die Königin, die zuvor Erdfarben getragen hatten, zogen sich jetzt an, er rote und sie weiße Kleidung. Dann invozierten sie mit ihren Feuer- und Erdstäben, die sie über dem Dreifuß zusammenbrachten. In der Luft darüber erschien eine Gestalt wie Atapa, der mich hergebracht hatte. Indem er seinen Stab ausstreckte und invozierte, ließ er von jeder Tür her eine Figur planetaren oder zodiakalen Wesens erscheinen. Jede von diesen hielt wiederum ihren Stab über das Gold und benutzte ein Sigill, das ich nur unklar erkennen konnte.
Jedes Mal schien im Gold eine Veränderung vor sich zu gehen. Als sich diese Figuren wieder hinter die Vorhänge zurückgezogen hatten, benutzten der König und die Königin eine Art Kellen, um das Gold zusammenzupressen und in feste Formen zu bringen, von denen sie je eine vor jede verhangene Tür legten. Ein wenig Gold blieb noch im Kessel. König und Königin verschwanden, und mir schien es, als käme hinter

jedem Vorhang nochmals eine Gestalt hervor und holte das Goldstück."

*

Die zweite Mental-Vision, die ich zitiere, ist eine des Geistprinzips von Wasser, d. h. Akasha von Apas, ebenfalls von Schwester Vestigia: *"Weit ausgedehntes Wasser mit vielen Spiegelungen hellen Lichts, ab und zu Aufscheinen von Regenbogenfarben (die vielleicht den Beginn der Formbildung im Wasser symbolisieren). Als ich die Gottesnamen und andere ausspreche, erscheinen Elementare vom Typ der Nixen und Nöcke, aber wenige andere Elementarwesen. Diese Wassergestalten sind äußerst veränderlich, sie erscheinen in einem Augenblick als feste Nixen und Nöcke und zerfließen im nächsten Augenblick zu Schaum.*
Mit Hilfe der höchsten Symbole, die man mich gelehrt hatte, erhob ich mich. Während ich die Namen des Wassers (runisch) vibrierte, stieg ich auf, bis das Wasser verschwand und ich stattdessen eine mächtige Welt oder Kugel sah mit ihren Schichten und Unterteilungen von Göttern, Engeln, Elementaren, Dämonen – das ganze Wasseruniversum (wie die von EMPEH ARSEL GAIOL beherrschte Tafel). Diesen Namen rief ich an, und das Universum schien sich immer stärker zu beleben. Dann rief ich HCOMA an, woraufhin ein gewaltiger Erzengel vor mir erschien. Er hatte vier Flügel, war in glitzerndes Weiß gekleidet und gekrönt. In einer Hand, der rechten, trug er eine Art Dreizack und in der linken einen randvollen Kelch mit einer Essenz, die von oben zu stammen schien. Diese Essenz schwappte über und floss an beiden Seiten herab. Vom Überfließen dieses Kelches, der seine Essenz aus Atziluth erhält und sich offenbar in Briah befindet, erhält die Welt Jetzirah ihre Feuchtigkeit. Dort wird diese in ihre unterschiedlich tätigen Kräfte verteilt. Diese Wirkkräfte repräsentieren die Engel, jeder mit seinem besonderen Amt in der Welt der Feuchtigkeit. Diese Kräfte arbeiten in Jetzirah, und wenn sie herabsteigen und sich mit Kether von Assiah vermischen, erzeugen sie das, was wir menschlichen Wesen als Feuchtigkeit bezeichnen."

*

Nun noch ein gutes Beispiel einer Tattwa-Vision. Gräfin Tamara Boukoun-Dolgoruky hatte sie vor einer Reihe von Jahren, als sie einen Frater des Golden Dawn in Los Angeles besuchte: *"Ich fand mich in einem unauslotbaren Abgrund des Raumes schwebend. Nichts war zu sehen, weder Himmel noch Wolken, keine Sterne oder anderen Himmelskörper, nur ein diffuses graues Licht. Ich empfand mich selbst als eine riesige*

Gestalt in gelber Robe und einer gelben und violetten Nemyss. Ich hielt einen gelben Dolch und zog mit diesem die entsprechenden Pentagramme und Gottesnamen. Sie erschienen jedoch nicht von blitzenden Farben umrandet, wie es beim Hellsehen in den Bereichen des Feuers und Wassers der Fall gewesen war. Ich hörte sie vielmehr durch die Wellen des Äthers vibrieren und die Grenzen des Universums erreichen, von wo ihr Echo auf mich zurückprallte und mit betäubendem Dröhnen nachklang. Langsam begann sich ein bestimmbares Panorama vom blassen Hintergrund abzuheben. Ein ausgedehnter türkis-blauer Himmel, der von leuchtenden Lapislazuli-Wolken umgeben war, deren Ränder durchscheinend rosa-orange glommen und die sich bis zum Horizont erstreckten. Es ist unmöglich, die Strahlkraft und die Klarheit dieser Farben zu beschreiben. Sie müssten gemalt werden, und selbst solch ein Versuch wäre vergebens.

Während ich diese verzauberte Szene beobachtete, trat eine graziöse sylphenhafte Gestalt aus den Wolken und schwebte langsam auf mich zu. Das Wesen war in rauchgraue, zarte Gaze gehüllt, die langsam zu Malve und Königsblau wechselte. Die Robe wurde um die Taille von langen Bändern aus amethystfarbenem Samt gehalten. Sie hatte die Flügel eines gigantischen Schmetterlings, schillernd und durchscheinend, geschmückt mit juwelenartigen Augen eines Pfauenschwanzes. Winzige Silbersterne glänzten und funkelten durch das dunkle, wolkenartige Haar, welches ein schwermütiges, rosiges Gesicht mit violett-blauen Augen umrahmte.

Nachdem er meine Grußgesten angenommen hatte, informierte mich der Genius darüber, dass er der Bote des Zwielichts und des Abendwindes sei. Bei der Annäherung des Engels wurde ich plötzlich auf eine langsam rollende Schwingung aufmerksam, die durch den Raum pulsierte, auf- und abschwoll und wogte, als würde sie durch das Ein- und Ausatmen einer unsichtbaren, alles durchdringenden Gegenwart belebt. In meinem Geist leuchteten die Worte auf: „Der Große Atem, der von sich selbst nicht weiß". Und da war er, erfüllte den Abgrund des unendlichen Raumes, stetig, ewig, unveränderlich in seiner rhythmischen Bewegung, unzählige Welten umfassend, die sanft in seinen Wellen schaukeln und wogen, um wieder zu verschwinden, wie ein Schaumfetzen. Wie auch in der vorhergehenden Vision nahm ich den Kreislauf der Tattwas wahr, doch dieses Mal in einem viel größeren Maßstab, als die Ströme nicht nur die Erde umflossen, sondern das gesamte Universum und noch darüber hinaus. Es war mir auch leicht zu verstehen, warum man durch Pranayama Wissen *und Herrschaft über die Elemente erlangt, denn ist es nicht der Atem der Luft, der uns am direktesten mit dem Makrokosmos verbindet? Derart in Kontemplation versunken, wurde ich mir des Nada bewusst, dessen schwache Klänge wie eine melancholische Flöte wirkten, die von einem Gong begleitet wurde, der in der Leere nachhallte. Als der Ton anschwoll, hörte ich ein fernes Singen des OM, des Logos, des schöpferischen Wortes. Und wie um dies zu erläutern, trat sanft leuchtend ein opalisierender, orangefarbener Globus aus einem durchscheinenden Schleier grauen Lichts hervor, der majestätisch am Horizont hing. Strahlen diffusen Lichts spielten um ihn herum und bildeten die Umrisse zweier riesiger Flügel.*

Kein Wort vermag die übernatürliche Schönheit, Majestät und unaussprechliche Lieblichkeit der Erscheinung auszudrücken, die die reine Essenz der Liebe zu sein schien.

Der Engel und ich waren so überwältigt, dass wir still niederknieten, eingetaucht in das sanfte Leuchten dieser wunderbaren geflügelten Kugel. Meine Sinne begannen zu schwanken, unfähig, den Eindruck einer derart machtvollen und völlig ungewohnten Schwingung auszuhalten, und ich fürchtete, das Bewusstsein zu verlieren. Ich vermochte den Genius nur noch zu bitten, mich in meinem Körper zurückzugeleiten."

*

Auch vergangene Leben können im Astralreich in Erfahrung gebracht werden. Entweder durch geistige Vorsteher, wie dies bei Quintscher der Fall war, oder durch die eigene Reife. Im Jenseits werden die Verkörperungen zum Beispiel auf eine silberweiße Nebelwand projiziert oder auch in den lodernden Flammen eines rein weiß leuchtenden Feuers. Alle Einzelheiten und Fragen dazu werden dabei dem Fragenden erläutert.

4. Die Astralebene der Hermetiker:

Als ich eines frühen Morgens zu Anion kam, weil ich ihm ein Buch mit wunderschönen alchemistischen Zeichnungen zeigen wollte, war er gerade im Begriff, aufzustehen und wach zu werden. Ich preschte in meiner Euphorie zu ihm hin und wollte gleich wissen, welche Bilder verwertbar sind. Er zog genüsslich an seiner Zigarre und sagte:
„Johannes, warte noch einen Augenblick. Ich muss mich erst auf diese Situation einstellen und mich wieder anpassen."
„Das verstehe ich nicht?"
Er lächelte und meinte: „Die Schwingung der Astralebene ist manchmal so stark, dass man sie erst abschütteln muss, um wieder ein normaler Mensch zu werden. Du kannst dir nicht vorstellen, wie schön manch eine Ebene ist. Und dann kommt man zurück in diese dumpfe, primitive Welt. Die Schwingung haftet auf einen wie eine Klette, man will sie dann nicht missen. Dass dann Selbstmordgedanken aufkommen, wie Franz Bardon es schreibt, ist selbstverständlich."
Dieses Mal lächelte ich: „Du sagtest auch mal, dass das ganze Jenseits strahlt, also eine Aura in schönsten Farben hat. Desgleichen kann man sich dort das gesamte Wissen der Welt holen?"
„Moment mal. Das kann nicht jeder. Selbst dem mächtigsten Schwarzkünstler ist dies untersagt, denn es gibt immer noch eine Hüterin der Schwelle, die keinen unreifen und moralisch tief stehenden Menschen auch nur einen Millimeter über die Schwelle ins Astralreich lässt, damit er an Wissen kommen kann. Lies doch dazu Bulwer-Lyttons Buch „Zanoni". Der beschreibt das ziemlich eindringlich."
„Also kommen die Zauberer nicht an das reine Wissen, werden also von den Dämonen in Schach gehalten."
„Richtig."
„Und wie sieht deren Leben nach Ablauf ihres materiellen Daseins aus. Die müssen doch den Pakt abtragen. Kannst du mir das mal beschreiben."
„Ja, aber dazu muss ich tief ausholen. Es war vor rund 800 Jahren in Tibet, wo ich in einem schwarzmagisch arbeitenden Kloster aufgenommen wurde, um mich zum Zauberer auszubilden."
„Ja, davon habe ich schon manches gehört. Aber erzähl ruhig weiter. Ich bin ganz Ohr."

„Wir hatten in den Klosterschriften Unterlagen über verschiedene Dämonen und deren Wirkung. Ich beherrschte damals bereits die 4 Elemente und die Fluide durch tantrische Formeln, so war es mir möglich, einen Kontakt aufzubauen. Vorweg muss ich noch sagen, dass ich natürlich auch meinen Seelenspiegel aufstellte und die Eigenschaften im negativen Sinne vergöttlichte, denn sonst hätte mich die Kraft das Wesen zerrissen. Die Ausstrahlung jedes Wesens ist eine Göttliche und diese muss man standhalten. Meiner damaligen Reife gemäß nährte ich mich einem negativen Erdfürsten. Zu mehr reichte meine Entwicklung nicht. Ich machte die Zauberriten und rief das Wesen in meiner Dämonenverbundenheit an. Aber glaube mir, so einfach war das nicht. Ich konnte das Wesen nicht richtig verdichten, da ich nicht über die nötigen Materialisationsfähigkeiten verfügte. Es dauerte einige Zeit, bis ich nach mehren Mentalbesuchen auch in der Lage war, ihn richtig zu verstofflichen. Mein Kontakt zu diesem Fürsten des Erdtattwa war ein sehr guter, so dass mir dieser Elementevorsteher die schönsten Verlockungen machte, auf die ich natürlich reinfiel. Es kam dadurch zu einer Abhängigkeit, die man nach Bardon auch Pakt nennen konnte. Mein Leben hatte auf der materiellen Ebene sehr viele Vorteile, von denen ich dir aber nicht berichten will. Viel interessanter ist: Als ich starb, befand ich mich zuerst im Erdelementereich, und zwar über 300 Jahre, bis ich alles auf Zins und Zinseszinsen abgetragen hatte. Doch das war nicht alles. Da der Erddämon auch noch einer Gottheit untersteht, kam ich noch dazu knapp 100 Jahre in dessen Sphäre, wovon ich dir nun berichten werde.

Nun, mein Geist samt Astralkörper fand sich plötzlich im Astralreich des Gottes Samael wieder. Ich hatte das Gefühl, mich in einem Albtraum zu befinden. Es roch nach Schwefel, ein glänzendes Licht mit Zacken war zu sehen. Mir war kotzübel, schlecht zumute, da ich jetzt ein Diener dieses Wesens war, welches beim Menschen die schlimmsten Krankheiten hervorrief. In der Mitte seines Königreiches stand ein riesiger goldener Palast, dessen Licht grell und schrill war. Es blendete mich. Ich hatte Schmerzen, ihn anzusehen. Dies war sein Tempel.

Plötzlich erschien er vor mir als gleißende, grelle, unangenehme Sonne und sprach zu mir. Ich konnte das Licht nicht ertragen. Ich senkte meinen Kopf: „Ich nehme dir dein Gewissen, denn ich bin nun dein Gott, dann lass ich dir etwas Zeit, damit du dich an meine Sphäre besser gewöhnen kannst. Mein Einfluss wird dir dabei helfen. Nur ein Gesetz musst du sofort erfüllen. Du

darfst niemals deinen wahren Namen nennen. Ab jetzt heißt du Ganus."
Das schmerzhafte Licht verschwand und an dessen Stelle erschienen zwei Dämonenweiber und erklärten mir die Arbeitsweise ihres Gottes. Eine sagte: „Wenn Karma es zulässt, so belehren wir einen Menschen durch Krankheit. In manchen Fällen sogar mit Tod. Andererseits haben wir eine gewisse Freiheit bei sehr *unausgeglichenen* Menschen und können sofort einschreiten. Leid, Schmerz, Trauer und Pein ist unser Geschäft."
Es dauerte nicht lange und ich hatte mich gut an die Schwingung angepasst und bekam von meiner Gottheit Samael einige magische Praktiken erklärt und wurde in geheime Übungen eingeweiht. Nach 50 Erdenjahren hatte ich den Titel Lord Ganus und 200 Wesen waren meine Untergebenen. Mir machte die Arbeit Spaß. Doch nicht alles war so lustig. Mein Gewissen wurde von der Göttlichen Vorsehung angeregt, mir seelische Schmerzen – Depressionen – angedeihen zu lassen und dagegen half nicht einmal das stärkste Antidepressiva. Das musste sein, denn ich sollte meinen Geist erkennen, wer ich eigentlich wirklich bin.
Nach einer Unendlichkeit kam mein Gott zu mir, dem ich dienen *musste* und erklärte mir, dass meine Dienste bei ihm beendet wären.
„Ich wäre aber hocherfreut, wenn du dennoch bei mir bleibst. Ich mache dich zu meinem ersten Vertrauten und Untergebenen. Du sollst die gleiche Macht bekommen, die ich habe. Ich übertrage dir von Zeit zu Zeit die einzelnen Arkanen und weihe dich in sämtliche Tarotkarten ein. Deine Macht wird grenzenlos."
Ich spürte aber, dass ich bloß sein Diener sein würde, der seinen Willen ausführen musste. Außerdem war das Wesen einseitig, also nur marsisch und die restlichen Mysterien der Göttlichen Vorsehung blieben mir fern. Nein, das wollte ich nicht. Ich wollte mehr und entgegnete ihm: „Mein wahrer Gott ruft mich zurück, wie du mich einst in deine Sphäre riefest, nur unter Zwang. Bei ihm bin ich frei. Ja frei."
Ich verbeugte mich ein letztes Mal, und mein Astralkörper erhob sich in die Höhe und ein Gefühl der Freiheit, der Ungebundenheit, der Grenzenlosigkeit durchfuhr mich, wie ich es noch nie gekannt habe. Ich weinte vor Freude. Astrale Tränen flossen aus meinen Augen, als ich noch dazu meinen Schutzgeist sah, der mich verlassen hat, seit dem ich den wahren Weg der Mitte mit dem Pfad zur Linken vertauschte. Deswegen konnte er mir nicht mehr weiter helfen. Dafür waren die Astraldämonen zuständig. Er nahm mich in die Arme und drückte mich wie einen Sohn,

der sich verlaufen hatte. Die ganze Umgebung erblühte bei dieser Umarmung. So schön war es wieder, Mensch zu sein. Ich hatte überhaupt keinen klaren Kopf. Er war durch die Jahrhunderte des einseitigen, negativen Arbeitens ganz dumpf geworden. Nach einer Zeit der Stille, die ich sichtlich genoss, bat ich meinen Schutzgeist, dessen Macht höher stand als Samaels, mir wieder eine Verkörperung auf Erden zu geben, wo meine Entwicklung den richtigen mittleren Weg einschlägt und meinen Charakter richtig ausgleicht und stärkt. Er stimmte zu und ich befand mich in Indien als Schüler eines sehr strengen mystischen Yogis, der bei geistigen Vergehen seine Schüler mit der Peitsche schlug. Aber ich war froh, denn ich hatte noch sehr viel Karma abzutragen."

*

Zum Abschluss oder besser als Höhepunkt dieses Buches möchte ich die Schrift von Anion mit dem Titel „Die Astralebene" preisgeben, dessen Inhalt bis jetzt in dieser Form unbekannt ist. Aber ich überlasse es dem Leser, darüber zu urteilen.

Die Astralebene:

Unsere eigentliche Heimat ist die Astralebene, denn dort, nicht etwa in der Mentalebene, sind wir richtige Menschen geworden, weil sich der Geist in der Seele widerspiegelt und daher ist eine Selbsterkenntnis möglich. Mental existieren wir ohne Zeit und Raum, und können daher unsere Eindrücke nicht verwirklichen. Darum ist der eigentliche Mensch mental und astral verbunden, wodurch unser Zustand Leben und Erkenntnis zulässt. Da ich dies als bekannt voraussetze, brauch ich es nicht näher zu erläutern.

Der Tiermensch:

Bei einem Menschen, der nur niedere, ichsüchtige Handlungen während seines Lebens tat, nur an sich selbst glaubend, wird keinen behaglichen

Aufenthalt im Astralreich besitzen, ja er wird nicht einmal die stoffliche Erde verlassen, sondern zunächst seinem ehemaligen Leben folgen. Möglich wird dies, weil die Imaginationen eines Verstorbenen sofort für ihn real werden. Es kann Monate, ja sogar in einzelnen Fällen Jahre dauern, bis so ein Mensch überhaupt merkt, dass er tot ist. Kommt die Erkenntnis, so kommt auch Hilfe. Durch eine Art Tunnel, wie er oft beschrieben steht, geht der bedauerliche Mensch hinüber. Da aber jegliche Wertvorstellungen fehlen, ist die Astralebene hier sehr niedrig und dunkel. Selbst hier fühlt dieser Mensch sich wohl, weil er sich unter Gleichgesinnten befindet. Eine neue Inkarnation interessiert ihn überhaupt nicht, weil die Reife fehlt, sich selbst zu korrigieren oder selbst zu etwas Höherem zu werden. Diese Art von Menschen sind gar für Dämonen zu niedrig und können nur auf die Barmherzigkeit Gottes hoffen. Nach unserer Zeitrechnung können sie bis zu 700 Jahre und mehr in dieser Ebene verbleiben. Dann aber meldet sich die Gottheit und teilt ihm ein neues Leben ein. Es wird eine schwere Inkarnation, weil der Mensch immer noch nicht reif ist, über sein eigenes „Ich" hinaus zu denken. Laut Evolutionsgesetz wird das Schicksal oder Karma diesen Menschen während des Lebens hart zusetzen, er muss daher ein Leben unter der Würde eines Menschen durchmachen, ohne jede Hilfe. Denn Hilfe würde sein altes Bewusstsein wieder hervorrufen. Und daher ist es ein lehrreiches Leben. Eine Schulung, bei der aber der Teufel – Baphomet, der Herr der Erde – der Lehrer ist. Denn Krankheit, Pech, Schmerz usw. verlassen ihn in der Regel nicht, damit der Mensch sich nicht in seinen Leidenschaften tummeln kann, denn er muss sich fragen: Warum? Das ist dann der erste richtige Schritt. Er bekommt auch das Gefühl, dass er nicht allein Schmerzen hat. So wendet er sich nach innen, auf der ersten Stufe zur Selbsterkenntnis.

Der Mensch war bis hier kein richtiger Mensch, sondern eher einem Tiere gleich (der in der Astralebene auch deren Gestalt hat.). Wie auch immer, er hat gelernt. Die nächsten Inkarnationen sind allesamt schwer, was zur Folge hat, dass er in lichtvollere Ebenen der Astralsphäre kommt. Hier in den feineren Schwingungen spüren und sehen sie das göttliche Licht. Auch der Aufenthalt in der astralen Ebene wird kürzer, außerdem besser genutzt. Nun bekommt er einen Lehrer, der ihn über die astralen Gesetze aufklärt. Es drängt den Menschen, sich neu zu verkörpern. Er bleibt höchstens 60 oder 70 Jahre im Astralen, obwohl es hier schon viel angenehmer ist. Sie wollen unter allen Umständen der Gottheit näher kommen.

Ich schildere nun eine Reihe von Verkörperungen einer Person, damit man sich ein besseres Bild machen kann: Unsere irdischen Namen sind wie Schall und Rauch, denn bei jeder Reinkarnation heißen wir anders. Im Jahre 207 begann sein erstes Leben im Süden Afrikas. Sein Leben war angefüllt mit Freude, Abenteuerlust nebst einer recht großen Familie. Dem Gott des Stammes verehrte er nicht so, wie die Dorfbewohner es gerne hätten. Er war aber ein geachteter Jäger, dem Pfeil und Bogen gut in der Hand lagen. Sein Leben endete mit 42 Jahren, als er von einem Baum gestürzt war. Der Gott, dem er nicht gehuldigt hatte, so erzählte man es sich im Dorf, hätte ihn stürzen lassen. Und so war es auch wirklich. Kurze Zeit nach dem Ableben bekam er in der niederen Astralebene von einem untergeordneten Wesen Besuch, das ihm berichtete, dass man den übergeordneten Prinzipien stets Folge leisten müsste, egal wo man sich befindet. Oft bekam er Besuch von diesem Wesen, welches ihn die niederen Gesetze lehrte. Ansonsten hat er sich nicht weiter angestrengt. Das Leben war um vieles angenehmer als in der stofflichen Welt. Dann, nach einiger Zeit, stand ein *Großer Mann* vor ihm. Er war so anders, erschien auf eine Art, die den Menschen erschreckte. So etwas hatte er in der unteren Astralebene noch nie erlebt. Der Große bot ihm an, ihn mit seinem Gott etwas zu versöhnen. Das ganze Leben der Zukunft durfte er sehen. Einige Dinge gefielen ihm gar nicht. Aber es setzte etwas ein, was man persönlichen Zwang nennen könnte. Schon war die Abmachung getroffen. Bald trübte sich das Bewusstsein, dann kam Schlaf, aus dem ein plötzlicher Schreck ihn in einen merkwürdigen Zustand versetzte. Er war neu geboren. Es waren 44 Erdenjahre vergangen. Abermals war es ihn Afrika. Wieder war es ein Stamm. Bald hörte er als Kind aufmerksam die Legenden der herrschenden Gottheit. Aber bald war die Kindheit zu Ende. Mit 21 endete auch das Leben. Nun aber durfte er etwas höher im Astralreich steigen. Das astrale Leben war ihm wieder sehr angenehm. Abermals besuchte ihm das gleiche Wesen. Dieses trat aber nun anders auf. Es materialisierte sich vor seinen Augen, ähnlich, wie sich Wesen auf der stofflichen Welt zeigen. Der Weise nahm den Charakter eines Lehrers an. Er erzählte ihm vom Gesetz von Ursache und Wirkung, von den Taten aus dem vergangenen Leben. Das Himmelsgewölbe auf dieser Ebene war etwas anders als auf der stofflichen Welt, daher sollte er sich das einmal genauer betrachten. Zuerst hatte er nichts bemerkt, außer eine merkwürdige Färbung. Doch da war eine gewisse Anziehung, welche den Afrikaner immer mehr in ihren Bann

zog. Was war das nun? Denn Genaueres war nicht zu bemerken. Der Weise zuckte nur die Schultern: „Finde es selbst heraus", sagte er. Allerdings musste eine Verkörperung stattfinden. Es war nicht leicht, einen Entschluss zu fassen, weil das schmerzhafte Leben in der Erinnerung immer noch vorhanden war. Oft schaute er nach oben, bis sein Entschluss feststand. Wieder war es Afrika, aber im damaligen Ägypten. Die erste Zivilisation, die allerdings sehr vom Verfall geprägt war. Aber sein Vater war ein sehr einflussreicher Römer. Zu ihm war er gut, ansonsten sehr grausam. Der Apfel fällt nicht weit vom Stamm. Mit seinem älteren Bruder hatte der Verkörperte unschöne Dinge getan. Menschenleben bedeuteten ihm nicht viel. Einige Dinge hat er aber auch gelernt zu lesen und zu verstehen. Dieses Leben dauerte länger. Man kann vom menschlichen Standpunkt wenig sagen, besonders nach 61 Jahren war er beim Ableben menschlich gesehen recht schlimm. Soviel zu diesen kleinen Lebensabschnitt.
Wir sind jetzt dort angekommen, wo der Mensch ein sogenannter Durchschnittsmensch ist. Er steht also in der allgemeinen Evolution.

Der Durchschnittsmensch:

Wo ist nun der Mensch zu suchen, wie ich ihn anfangs beschrieben habe? Da braucht man nicht lange zu forschen. Es ist der Busfahrer oder der Mensch auf der anderen Straßenseite, es ist dein Hausarzt oder der Lehrer in der Schule usw. All diese Berufe sind weltlich und können von der untersten Schicht von Menschen besetzt sein. Der Arzt, der nur Profit machen will, ohne Menschlichkeit, der Busfahrer, der seine Frau und Kinder seelisch grausam behandelt, der Lehrer, der keinen Hauch von Barmherzigkeit zeigt. Ja sogar der übende hermetische Mensch, **der nur an sich denkt,** oder andere Menschen mit seinem *Können* bedroht. Kurz gesagt, jeder kann ein Unmensch sein. Nur mit leeren Masken bedeckt, damit sie nicht auffallen. Jeder mag nach innen schauen, um sich erkennen. Viele sprechen von Gott, ohne die geringste Ahnung zu haben, denn die, welche IHN kennen, sind still und äußern sich nur symbolisch.

Der überdurchschnittliche Mensch:

Auch ihn findet man in sämtlichen Berufen, ob Professor oder Straßenreiniger. Sie fallen auf durch Menschlichkeit, sie sind bereit, zu helfen, und stehen irgendwie immer im Mittelpunkt des Geschehens, ohne es zu wollen. Selbst Atheisten findet man hier. Sie sind gut des Guten zuliebe und stehen nicht niedriger als andere Menschen dieser Art. Meist bekommen sie im Alter durch Erleuchtung oder andere Geschehnisse den Glauben. Spätestens in der feinen Schwingungsebene des Astralreiches werden sie gläubig. Ich kannte so einen Menschen, daher besaß er meine Achtung. Er war ein Student, der von Magie nichts wusste. Der besaß das magische Gleichgewicht, eine Sache also, um die wir hart kämpfen müssen. Nicht viele solche Menschen gibt es, wir bemerken sie kaum. In meiner Lebensgeschichte steht ebenfalls solches. Solche werden sofort nach dem Tod sich ins Astralreich begeben. Nach wenigen Wochen unserer Zeitrechnung haben sie ihre Schwingungsebene erreicht. Sie ist sehr schön. Die Gottheit ist immer präsent. Alles strahlt hier, wie ich es bereits beschrieben habe. Diese Menschen werden nicht mehr zur Wiedergeburt gezwungen, weil sie durch ihre innere Reife den Weg in der Astralebene vollenden können. Andere sehen die unteren Menschen leiden, daher wollen sie helfen. Diese bekommen schon kleine Aufträge von der Gottheit. Meist verkörpern sie sich schnell, etwa in 20 Erdenjahren. Und nun läuft ihre Entwicklung noch schneller.

Der Magier:

Nach der Geburt wird sich solch ein Mensch schon mit fünf oder sechs Jahren hervortun. Mit etwa neun Jahren oder auch früher beginnt das Kind automatisch, aber im kindlichen Sinne, sich magisch zu schulen. Dazu gehört bereits die Introspektion, ein tiefer Glaube, mit der Imagination seiner Gottheit. Es erwacht ein Sinn für Gerechtigkeit, mit sehr vielen Gebeten für andere. Andere Kinder spüren instinktiv die innere Kraft des werdenden Magiers und so hat er sehr viele Freunde, die gerne bei so einem Menschen sind, weil er meist die Verantwortung trägt z. B. für

eingeworfene Fensterscheiben oder andere kindliche Unfälle. Dann in der Pubertät, mit 12-13 Jahren kommt eine gewisse Zeit, in der sich der Magier bewusst wird. Danach erfährt er seine Mission, in der er seine Aufträge erfüllt, sein Leben lang, bis in jedes kleinste Detail.
Das Sterben ist verschieden. Will der Magier noch vorhandenes Karma abbauen, wählt er einen schweren Tod. Danach geht er in sein Königreich, wo er herrscht, der Gottheit sehr nahe. Man kann das mit dem Stück aus „Peter Pan" vergleichen, wo er – der Magier – nach Nimmerland, in das Astralreich, kommt und die Sonne – die Gottheit – geht auf und die ganze strahlende Natur begrüßt ihn, in dem sie erblüht. Alle Pflanzen verbeugen sich vor ihrem Herrn.
Jedes Schloss hat einen Tempel, in dem der Mensch sehr oft die Gottesverbundenheit annimmt, um den Astralkörper unsterblich zu machen. Für Gäste höheren Ranges besitzt das Gebäude einen Empfangsraum, in dem symbolisch durch Bilder oder Figuren seine Taten verzeichnet sind. Die Sphäre besitzt eine strahlend blaue Farbschwingung, welche der Astralkörper immer stärker annimmt. Alle Diener oder untergeordnete Menschen werden auf kurz oder lang ebenfalls Magier, sofern es sich um Menschen handelt. Dafür hat der König zu sorgen. Bei Abwesenheit wird der beste Schüler die Geschäfte weiterführen. Die Schwingung ist so fein, dass sich untere Seelen nicht lange aufhalten können, ohne Schaden zu nehmen.
Es gibt sehr viele Zwischensphären, die man nicht alle aufzählen kann. Soviel zu den sternenlichten Ebenen.

*

Nachdem ich das gelesen hatte, musste ich ihn weiter ausfragen. Ich wollte noch etwas über die höheren Astralebenen erfahren. Und er erzählte: „Wie wir wissen, hat die Astralebene viele Dichtigkeitsgrade, in der der Mensch gemäß seiner Reife hingelangt. Die höheren Ebenen sind heller, lichtintensiver, von daher schwer zu beschreiben, weil es an Dunkelheit mangelt. Hier ist die Region, wo alle Religionen, die auf der Erde Akasha repräsentieren, vollkommen vorhanden sind. Jede Religion findet ihren höchsten Gott, jeder Einzelne sogar gemäß seiner Reife. Das ist der Ort, wo die Gottheit den einen oder anderen gläubigen Menschen darum bittet, sich zu inkarnieren, wo sich dann gemäß der Religion ein hoher Eingeweihter verkörpert, denn alle hier angekommenen eingeweihten Menschen, brauchen sich nicht mehr zu inkarnieren.

Ich möchte noch auf einige Merkwürdigkeiten der oberen Astralebene hinweisen. Auf der grobstofflichen Ebene gibt es bei manchen Menschen aus verschiedenen Gründen Depressionen, Krankheiten, Not usw. Hier in der oberen Astralebene haben wir genau das Gegenteil. Man lebt in einem Zustand, wo das Bewusstsein immer gehoben ist. Nur der unsterbliche Astralkörper gelangt in diese Höhe, weil hier eine derart hohe Schwingung herrscht, die einen normalen Astralkörper zerstören würde.

Wir befinden uns in einer Lichtebene, welche beinahe die Merkursphäre darstellt, weil der Geist sich bereits vergöttlicht und der Mensch eine gewisse Genialität erreicht hat. Von hier steigen astrale Ärzte in die unteren Ebenen, um in dortigen Kliniken zu arbeiten. Manche Menschen leiden an schweren Sterbetraumen, vor allem bei Ermordeten ist das sehr schlimm, da in der Astralebene die Imagination sehr einfach ist, sterben die Opfer wieder und wieder. Oder eine schlimme, auf Erden zugezogene Krankheit seelischer Natur, wie z. B. schwere Depressionen, krankhafte Zwänge wie Phobien enden ja nicht mit dem Tod.

Aber auch Lehrer werden zu bestimmten Menschengruppen aus dieser höchsten Astralebene geschickt.

Wundersam sind hier einige Gewässer, in denen man alles sieht, was den normalen Menschen zu abstrakt wäre. Nichts Irdisches interessiert hier. Es gibt Meere aus konzentrierter Lebenskraft, in denen man baden kann, was noch sensibler für das Hochgefühl macht. Es gibt unbeschreibliche Tempelanlagen, die bei Betreten augenblicklich die Gottesverbundenheit hervorrufen. Die Glaubensrichtungen fallen nahezu weg, weil hier die abstrakten Ideen universell sind. Es gibt nur Unterschiede der Sympathie zu den einzelnen Gottheiten, die sich aber fast aufheben.

In einer bestimmten Region träumen noch ungeborene Menschen. Sie brauchen diese hohe Schwingung, um später von dieser Ebene angezogen zu werden. Sie werden von bestimmten Genien bewacht, um gewisse Ansätze von Bewusstsein in ihren Traum zu bekommen. Ungeborene Menschen, die aus der Mentalebene in die Astralebene versetzt werden, haben kein Eigenbewusstsein.

Es gibt weder Krankheiten noch sonstige Disharmonien. Das gilt auch für Tiere und Bäume. Die Tiere sind hier so hoch entwickelt, weil jedes aus einer Gruppenseele besteht. Bei ihnen ist es genau umgedreht wie bei den nicht geborenen Menschen. Sie steigen von hier in die Mentalebene und werden dort zum 4-poligen Magneten gemacht, um dann nach langer Zeit

als ungeborene Menschen ins Astralreich zurückzukehren. Die immergrünen Bäume und Pflanzen, die wir hier finden, bekommen durch diese hohe Schwingung die Möglichkeit, als niedere Tiere materiell verkörpert zu werden. Aber diese Abläufe gehören vom irdischen Standpunkt aus in den nächsten Brahmatag. Das bedeutet, es wird ganz andere Menschen und Tiere geben.
Die Hauptbeschäftigung der Menschen in dieser hohen Astralebene ist z. B. die kosmische Philosophie von so abstrakter Natur, die kein normal sterblicher Mensch begreifen kann. Andere sind damit beschäftigt, ihre quabbalistischen Fähigkeiten zu perfektionieren. Einige sind bemüht, die Schwingungszahlen der unteren Ebenen anzuheben, genau entsprechend der Evolution. Jeder Mensch arbeitet hier rein schöpferisch. Feinste mentale Ideen werden in die Astralebene gezogen, damit sie die Möglichkeit zur Verwirklichung haben."
„Astralebene bedeutet übersetzt sternenlichte Ebene? Warum dieser seltsame Ausdruck für das seelische Jenseits?", fragte ich Anion.
„Schau dir den nächtlichen Sternenhimmel an. Da ist fast alles schwarz, bis auf die Sterne, die hell leuchten. Genauso ist es in der Astralebene, nur ist dort jeder Stern ein Vorsteher mit seiner ihm analogen Welt."
„Und was passiert mit uns Schülern, wenn wir tot sind?"
„Die ernsthaften Schüler der Hermetik kommen nach dem Tod eines Tages an die Pforte des sagenhaften Tempelpalastes von Meister Arion und bekommen Einlass. Was da vor sich geht, kann man nicht in Worte fassen. Der Meister weiht seine Schüler persönlich in verschiedene Tarotkarten ein oder er vermittelt ihnen Fähigkeiten, die sie für ihre neue Mission unbedingt brauchen. Er nimmt mit ihnen ein sogenanntes Ankhur, eine Machtübertragung vor, das unbeschreiblich ist. Ich glaube, mehr braucht man nicht zu sagen."

Quellwerke:

Kensington – Das Delpasse Experiment
Duffy – Himmel und Hölle
Brandler-Pracht – Lehrbuch zu Entwicklung okkulter Fähigkeiten
Lomer – Lehrbriefe zur geistigen Selbstschulung
Perry – Zurück ins Leben
Dauert – Astralreisen-Neue Dimensionen erleben
Fischer – Raumfahrt der Seele
Mead – Die Lehre vom feinstofflichen Körper
Monore – Der Mann mit den zwei Leben
Moody – Das Leben nach dem Tod
Peterson – Praxis der außerkörperlichen Erfahrung
Sculthorp – Meine Wanderungen in der Geisterwelt
Engel – Der Sphärenwanderer
Swedenborg – Himmel und Hölle
A.Crowley – Buch 4
Regardie – Das magische System des Golden Dawn - 3Bände
Weinfurter – Der brennende Busch
Quintscher – Hauptbuch der Wissenschaft des Geistes
Quintscher – 10. Lehrbrief
Quintscher – Die afrikanische Bauherrnloge
Muldoon – Die Aussendung des Astralkörpers
Schiebeler – Jenseitserlebnisse Verstorbener
Leadbeater – Denen die Trauern
Leadbeater – Die Astralebene
Bulwer-Lytton – Asmodeus aller Orten
Leadbeater – Die Astralebene
J.v.Helsing – Wer hat Angst vorm schwarzen Mann
Marby – Forschung und Erfahrung
Schöffel – Der Weg durch das Jenseits
Peter – Die Stunde nach dem Tod
Leadbeater – Die Mentalebene
Fenimore – Jenseits der Finsternis
Zentralblatt für Okkultismus
Blätter für angewandte okkulte Lebenskunst

Meurois-Givanda – Berichte über Astralreisen
Lomer – Asgard
Hänig – Ausscheidung der Empfindung und Astralleib
Quade – Die Jenseitigen
Jordan – Die wandernde Seele
Nordberg – Jenseits der Sinne
Planck – Das Reich des Unsichtbaren
Markides – Der Magus von Strovolos
Leadbeater – Jenseits

Weitere Bücher aus dem Christof Uiberreiter Verlag:

Das goldene Blatt der Weisheit
Seila Orienta/Franz Bardon

Zum ersten Mal in der okkulten Literatur wird die 4. Tarotkarte des Hermes Trismegistos verständlich beschrieben und offengelegt. Sie beinhaltet unbekannte Konzentrations- und Meditationsübungen. Des Weiteren gibt sie Hinweise und erklärt die Unterschiede zwischen Magie und Mystik und Gefahren des einseitigen Weges. Am Ende steht die Verbindung mit der universellen Gottheit, dem Herrn der Sonnensphäre, welcher quabbalistisch „Metatron" genannt wird.

*

5. Tarotkarte – Mysterien des Steins der Weisen
Seila Orienta/Franz Bardon

Dieses Buch stellt die Vorderseite der Alchemie dar, die die einzelnen praktischen Übungsschritte erklärt, ohne die verschlüsselten Mystifikationen der alten Alchemisten auch nur annähernd zu erwähnen, wie man es aus den anderen Büchern des Franz Bardon kennt. Es wird erklärt, dass ohne vollkommene Beherrschung der 4 Elemente keine Alchemie möglich ist. Des Weiteren wird mit den einzelnen Ebenen, mit den Matrizen, dem elektromagnetischen Fluid usw. gearbeitet. Doch den Hauptpunkt stellen die göttlichen Eigenschaften wie z. B. die Allmacht dar, mit denen der Göttliche Stein der Weisen durch gewisse Übungen geladen wird.

*

Talismanologie und Mantramkunde
Seila Orienta/Franz Bardon

Zum ersten Mal werden hier (magisch) geladene Mantrams – Gebetssätze – preisgegeben, welche bei nötiger Reife, Ausgeglichenheit und Reinheit durchdringende Erfolge versprechen. Mantrams sind ja nach Bardon nicht irgendwelche „Suggestionssätze", sondern sie sind Ideenausdrücke, mit denen man mit Mächten, Kräften, Eigenschaften, also Gottheiten, in Verbindung kommen kann. Gleichzeitig werden die dazugehörigen

Siegelzeichen der göttlichen Ideen preisgegeben, welche im rituellen Zusammenhang mit den Mantrams stehen. Ein Buch, das nicht nur die Hermetiker, sondern auch die Anhänger der Yogawissenschaften inspirieren wird.

*

Eine Sammlung der schönsten und lehrreichsten Beschwörungsgeschichten
Hohenstätten

Dieses Buch ist einzigartig, denn es zeigt den zweiten Band von Franz Bardon an Hand von interessanten Evokationsberichten, die genau das bestätigen, was Bardon in seinem Buch geschrieben hat, und noch darüber hinaus. Es werden sensationelle Erlebnisse geschildert, die man sonst niemals findet. Auch aus unveröffentlichten Schriften wird zitiert.

*

Verkörperungen des Meister Arion
Hohenstätten

Man wird beim Lesen dieses Buches nicht glauben, wie viele bekannte und unbekannte Inkarnationen Franz Bardon hatte. Die paar, die im „Frabato" bekannt gegeben wurden, stellen nur einen geringen Teil seiner Verkörperungen dar. Wir mussten, da es dermaßen wenig Literatur über die Verkörperungen gab, wieder Hunderte und Aberhunderte von Büchern, Aufsätzen, Zeitschriften und Artikeln durcharbeiten, bis wir genügend Material für dieses Buch hatten. Aber der Leser wird sich beim Lesen sicherlich über unsere Arbeit freuen, denn sie wird ihn in Erstaunen versetzen.

*

Shamballa, der goldene Tempel des Lichts
Hohenstätten

Dieser Tempel dürfte jeden Leser von Bardons Roman „Frabato" fasziniert haben. Dass es aber in der okkulten Literatur noch viel mehr Informationen darüber gibt, die man aber nur findet, wenn man alles Veröffentlichte gelesen hat, dürfte dem einen oder anderen unbekannt sein. Es wurden wieder ganze Stöße von Büchern durchgesehen und das Ergebnis wird hier veröffentlicht. Es wird aber gleichzeitig darauf hingewiesen, wie viel

Schundliteratur es darüber gibt, wie viel Lügen im Umlauf sind, damit sich der Schüler der Hermetik ein klares Bild machen kann. Wir bringen in diesem Buch alles, was wir an Material darüber gefunden haben, und es wird auch noch einiges aus der eigenen Erfahrung, was das Wertvollste ist, mitgeteilt. Nicht nur über den Tempel wird berichtet, sondern auch über die damit verbundene „Bruderschaft des Lichts", deren Sitz er darstellt.

*
Auf der Suche nach Meister Arion
Hohenstätten

Diese Autobiografie eines Schülers der Hermetik des Franz Bardon schildert sein magisches Leben, in welchem zahlreiche Erfahrungen zu den Übungen aus dem Adepten geschildert werden, die die Hauptperson selbst erlebt hat. Es wird der schwere Weg des Adepten aus autobiografischer Sicht gezeigt, seine vielen Tiefschläge, aber auch seine glanzvollen Seiten und Zeiten. Der harte Kampf mit dem Seelenspiegel wird bis in alle Einzelheiten aufgezeigt, genauso wie die vielen anderen Wege, in welche der Autor reinschnupperte, um dadurch reichlich Erfahrung sammeln zu können. Darüber hinaus enthält es unzählige Erfahrungen und Berichte betreffs Mantramistik nach Bardon, die wahre Runenmagie, zahlreiche Evokationen sowie Invokationen mit seinem Lehrer Anion, einen magischen Exorzismus, wie er bisher noch nie öffentlich geschildert wurde. Mentalreisen, Beeinflussungen, Übungen zur Gottesverbundenheit, Erscheinungen, Alchemie, Heilungen mit den verschiedensten magischen Methoden z. B. Quabbalah oder durch die Elemente, Schutzgeistevokationen und viele andere magische „Wunder" seines Freundes und Lehrers Anion. Auch einige magische Fotos in Farbe, ein bisher von Bardon unveröffentlichtes Akashafoto von Christus und ein Bild des schwebenden Meister Arion werden in diesem Buch preisgegeben. Der Inhalt ist viel reichlicher, als hier kurz beschrieben werden kann.

*
Magisches Gleichgewicht
Hohenstätten

Dieses Buch zeigt eindeutig, dass in allen anderen Systemen das „Gleichgewicht" genauso gebraucht wird, wie bei Bardons Werken. Er war nicht der Einzige, der das erwähnte, aber er war der Erste, der es deutlich erklärte, denn die anderen Systeme sprachen nur durch das Symbol, welches nicht jedem Leser verständlich war. Obendrein bringen wir noch Unveröffentlichtes vom Meister Arion zu dieser Grundlage der magischen Entwicklung.

*

Das Leben und die Erfahrungen eines wahren Hermetikers
Seila Orienta

Diese Autobiografie eines Magiers ist unübertroffen, denn bis jetzt hat kein einziger okkult Geschulter so offen und ehrlich gesprochen wie Seila Orienta. Er gibt in diesem Werk sein Leben bekannt sowie seine zahlreichen und äußerst interessanten Erlebnisse und Erfahrungen. Es werden auch zum ersten Mal Fotos von Wesen der Sphären gezeigt, welche Franz Bardon höchstpersönlich in den 1920ern gemacht hat. Des Weiteren schreibt Seila Orienta über die Sphären, über Dämonen, Logenkontakte und vieles, vieles mehr, was einem ehrlich strebenden Hermetiker das Herz übergehen lassen wird.

*

Das Leben des Franz Bardon
Hohenstätten

Dieses Buch beschreibt das Leben des Meisters außerhalb des Frabatos, welches seine Sekretärin – Otti V. – geschrieben hat. Es beinhaltet Erklärungen zu seiner „Biografie", weitere Einzelheiten über den Kampf mit der FOGC, seine Beziehung zu Wilhelm Quintscher und anderen Okkultisten, was alles bisher unbekannt war. Des Weiteren werden viele Erlebnisse seiner Schüler in Prag erzählt, verschiedene magische Leistungen und interessante Geschichten Bardons beschrieben, die bis dato unveröffentlicht sind. Es werden auch seine drei Lehrwerke und deren Wirkung auf die Öffentlichkeit von einem anderen, unbekannten Standpunkt geschildert, welcher durch bisher schwer zugängliche Schriften unterstützt wird. Als Krönung wird seine aus dem Tschechischen übersetzte „Runenschrift" zum ersten Mal veröffentlicht. Auch einige Seiten aus anderen unveröffentlichten Schriften von ihm sowie interessante Fotos des Meister Bardon und seiner Freunde werden hier preisgegeben und vieles, vieles mehr.

*

In Verbindung mit der Gottheit
Hohenstätten

Über das Thema der Gottesverbundenheit mit all seinen Formen und Methoden wurde bis heute noch nie ein Buch verfasst, geschweige denn eine Schrift geschrieben. Man findet in der okkulten wie in der östlichen Literatur nur spärliche Hinweise, die größtenteils verschlüsselt sind oder so geschrieben wurden, dass man sie kaum versteht. Im Gegensatz dazu wird in diesem Buch offen dargelegt, dass das 1. kleine Arkanum der 78 Tarotkarten die Gottesverbundenheit in ihrer Reinform darstellt.

*

Hermetische Heilmethoden
Hohenstätten

Dieses Buch stellt in der okkulten Literatur ein absolutes Unikum dar, denn über die Gesamtheit der okkulten Heilmethoden wurde bis jetzt noch NIE etwas Sinnvolles geschrieben. Es werden alle Heilmethoden erwähnt, die der hermetische Schüler mit Hilfe seiner bisher erlangten Konzentrationsfähigkeit ausüben und verwenden kann.

*

Erste hermetische Zeitschrift

„Der hermetische Bund teilt mit" ist eine der wenigen magisch-mystischen Zeitschriften, welche sich soweit als möglich auf die universelle Lehre von Franz Bardon bezieht. Sie versucht sich an die Gesetze des 4-poligen Magneten zu halten und vermittelt Wissen sowie Hinweise für die Praxis, damit der Leser die Möglichkeit hat, sie in seinen hermetischen Weg aufzunehmen und für sich gewinnbringend zu verarbeiten.

Noch viel mehr hermetische Literatur finden Sie auf unserer Website: http://www.hermetischer-bund.com.

Viel Vergnügen beim Stöbern.

Der Verlag